1+X职业技能等级证书配套教材

门店数字化运营与管理系列

门店数字化运营与管理实训

（初级）

MENDIAN SHUZIHUA YUNYING
YU GUANLI SHIXUN

主　编　李春杰　高　霞　单寅鑫
副主编　严　峰　刘　宁　张卓远

中国人民大学出版社
·北京·

图书在版编目（CIP）数据

门店数字化运营与管理实训：初级 / 李春杰，高霞，单寅鑫主编．-- 北京：中国人民大学出版社，2021.11
“1+X”职业技能等级证书配套教材．门店数字化运营与管理系列
ISBN 978-7-300-29999-0

Ⅰ．①门… Ⅱ．①李… ②高… ③单… Ⅲ．①商店－运营管理－数字化－职业技能－鉴定－教材 Ⅳ．① F717-39

中国版本图书馆 CIP 数据核字（2021）第 215554 号

“1+X”职业技能等级证书配套教材·门店数字化运营与管理系列
门店数字化运营与管理实训（初级）
主　编　李春杰　高　霞　单寅鑫
副主编　严　峰　刘　宁　张卓远
Mendian Shuzihua Yunying yu Guanli Shixun (Chuji)

出版发行	中国人民大学出版社		
社　　址	北京中关村大街 31 号	**邮政编码**	100080
电　　话	010－62511242（总编室）		010－62511770（质管部）
	010－82501766（邮购部）		010－62514148（门市部）
	010－62515195（发行公司）		010－62515275（盗版举报）
网　　址	http://www.crup.com.cn		
经　　销	新华书店		
印　　刷	中煤（北京）印务有限公司		
规　　格	185 mm × 260 mm　16 开本	**版　　次**	2021 年 11 月第 1 版
印　　张	10.75	**印　　次**	2021 年 11 月第 1 次印刷
字　　数	222 000	**定　　价**	48.00 元

"1+X"职业技能等级证书配套教材·门店数字化运营与管理系列

编委会名单

前　言　PREFACE

5G时代的高速发展，新冠肺炎疫情的冲击，消费者的消费习惯的剧变，这一切使得线下实体零售企业加快了数字化转型的步伐。零售企业对于数据越来越重视，但企业数据大量沉淀，如何让一线员工和门店管理人员有效地收集、整理和使用数据，也日益成为连锁企业关注的焦点。

为响应教育部“1+X”证书制度的推广，加快推进职业教育创新型商科专业人才培养进程，中联职教（北京）科技有限公司申报了门店数字化运营与管理“1+X”职业技能等级证书，促进中高职商科所对应的门店运营与管理岗位数字化人才的培养，培养具备新商科工匠精神的技术技能型人才。

本书是门店数字化运营与管理“1+X”职业技能等级证书配套的初级实训教材，是以门店数字化运营与管理的岗位工作流程为主线，以对应的工作岗位为目标，从门店全渠道数据采集、门店基础协助、门店基础操作三个模块设计了十个相应的工作领域及若干任务，采用企业真实的工作流程、工作案例和真实数据开发设计，实用性强，内容偏重于专业技能教育，注重学生的综合素质培养。

本书既可以作为职业学院连锁经营与管理、市场营销、工商企业管理等商贸类专业的门店数字化运营与管理“1+X”职业技能等级证书配套的初级实训教材，又可以作为智慧零售企业的培训教材。

本书由中联职教（北京）科技有限公司主持编写。在本书编写过程中，主编黑龙江职业学院李春杰老师主要负责本书的体例设计、统稿及模块二门店基础协助的主要编写工作，主编黑龙江职业学院高霞老师主要负责本书统稿及模块三门店基础操作的编写工作，主编黑龙江职业学院单寅鑫老师主要负责本书模块一门店全渠道数据采集的主要编写工作，副主编严峰协助主编完成了全书的统稿与编审工作，副主编黑龙江职业学院刘宁老师参与编写了模块二门店基础协助，副主编黑龙江职业学院张卓远老师参与编写了模块一门店全渠道数据采集。

感谢天虹数科商业股份有限公司、家家悦集团股份有限公司、中央红集团哈尔信连锁超市有限公司、比优特超市有限公司、西安宝胜集团哈尔滨分公司等企业为本书编写提供了企业真实的运营案例和数据。

由于时间仓促，难免有不足之处，敬请专家和读者批评指正。

编　者

目 录 CONTENTS

模块一 1 门店全渠道数据采集

模块二 2 门店基础协助

模块三 3 门店基础操作

模块一

门店全渠道数据采集

知识导图

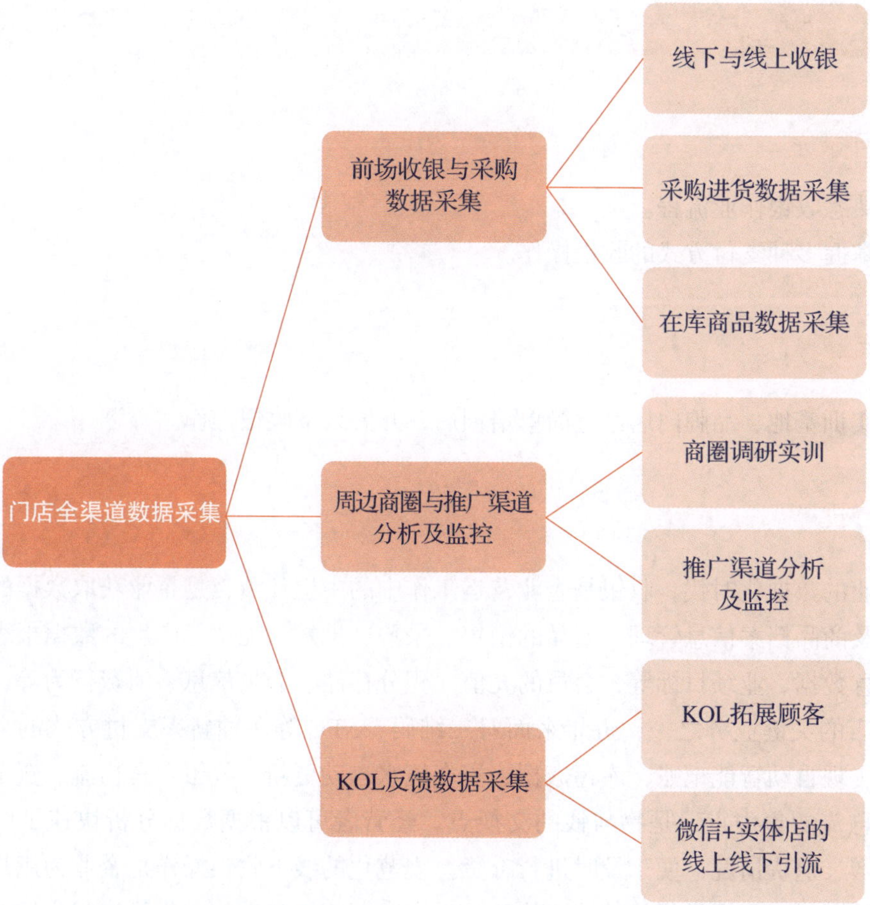

工作领域一 1 前场收银与采购数据采集

任务一　线下与线上收银

子任务 1　线下收银

任务目标

1. 熟悉收银作业流程。
2. 掌握多种支付方式的收银操作。

任务描述

在实训基地、品牌门店经过简单培训后，开展线下收银操作。

任务分析

企业的数据化时代，收银是企业营运工作中的中枢环节，是企业获取数据的重要来源，涉及商品档案信息管理，商品的销售、采购、批发、配送等产生的数据报表，导购员的信息数据、业绩目标等，会员的充值、积分存储、会员信息、消费行为等。线下收银是门店的关键业务之一，近年来面对二维码、NFC 等多种新兴支付方式的兴起，收银同时实现自动智能记账，库存数据、资金流水自动更新。收银台是物流、资金流、人流、信息流的集中点，是物与钱的交换点。经营者可以根据数据分析快速了解产品售出、新增、退货情况，便于及时进行补货。规范化的线下收银操作是企业为用户提供优质产品的同时，也提供优越的消费体验，学会掌握收银数据的采集是对门店运营效果做出精确判断的保证。

任务操作

操作步骤和关键节点如下。

步骤 1 做好收银前的准备工作

1. 认领、清点好备用金（备用金一般为 500 元）

2. 开机检查

（1）机器的电源指示灯是否亮了？电脑屏幕显示是否为“网络”状态？

（2）收银机的电源是否接好？收银纸、色带是否准备好，够不够？

（3）清理好收银工作台，整理和补充好其他备用品。

（4）了解当前卖场中商品价格有无要特别注意的变化，变价商品和特价商品情况。

3. 收银员服装仪表的检查。

（1）制服是否整洁，且符合规定。

（2）是否佩戴工作牌。

（3）发型、仪表是否清爽、整洁。

营业前具体检查内容见表 1－1。

表 1－1 营业前检核表

时段	检查内容		执行情况	
			是（√）	否（×）
营业前	清洁、整理收银作业区	收银作业区的地板		
		空垃圾桶		
		收银台前头柜		
		购物篮放置处		
	整理、补充必备的物品	所有尺寸购物袋、吸管、剪刀		
		各种记录本和笔		
		干净抹布		
		空白收银纸及空白统一发票		
		“暂停结账”牌和装钱布袋		
	整理、补充待售商品，核对价目牌			
	认领备用金并清点确认（包括各种币值的纸币与硬币）			
	检验营业用的收银机	发票存根联及收执联的装置是否正确		
		收银机的大类键、数字键是否正确，日期是否正确		
		收银机内的程序设定是否正确，各项统计数值是否归零		
	检查服饰仪容，佩戴好工号牌			
	了解当日的变价商品和特价商品（可作适当记录便于查找）			

门店： 收银员： 日期： 年 月 日

步骤 2　收银作业

（1）登录：用工号和密码登录收银系统，如图 1－1 所示。

图 1－1　登录界面

（2）录入商品：如果是第一次使用，需要录入商品信息到系统中。在系统后台找到商品栏目，单击【新增商品】，将必填信息填入即可创建成功。如图 1－2 所示。

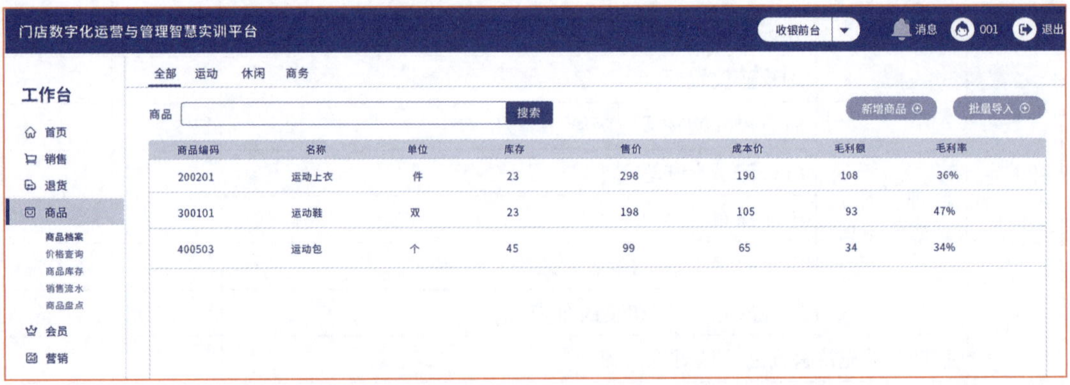

图 1－2　录入商品

（3）扫描商品：有消费者结账时，收银员需用扫描枪扫描消费者的商品条码，系统根据条形码自动识别出商品信息，如图 1－3 所示。（注：商超中的称重商品或生鲜食品类的非条码商品，可以在右侧收藏夹进行快速选择）

（4）快速结账：在一些临时特殊情况下，需要在系统中快速结账记账，直接单击【结账】，输入价格单击【完成】即可。如图 1－4 所示。

（5）现金结算：输入实收金额，系统会提示收银员找零金额。如图 1－5 所示。

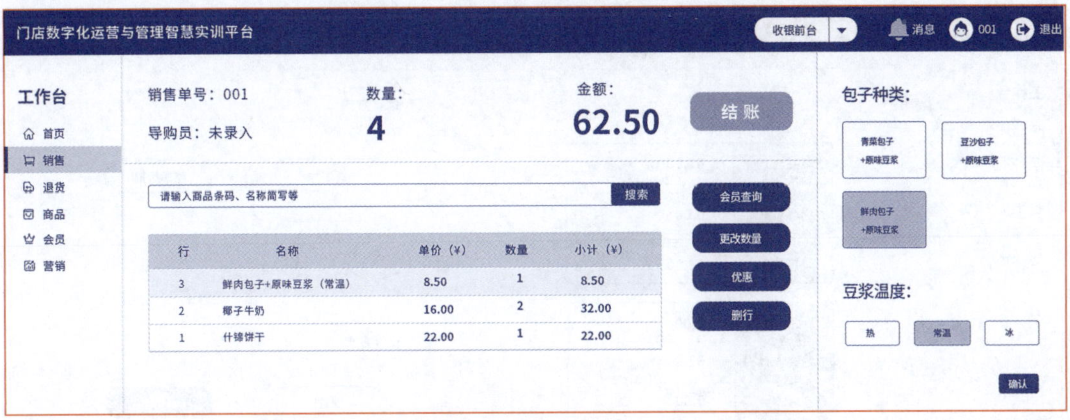

图 1－3　扫描商品

图 1－4　快速结账

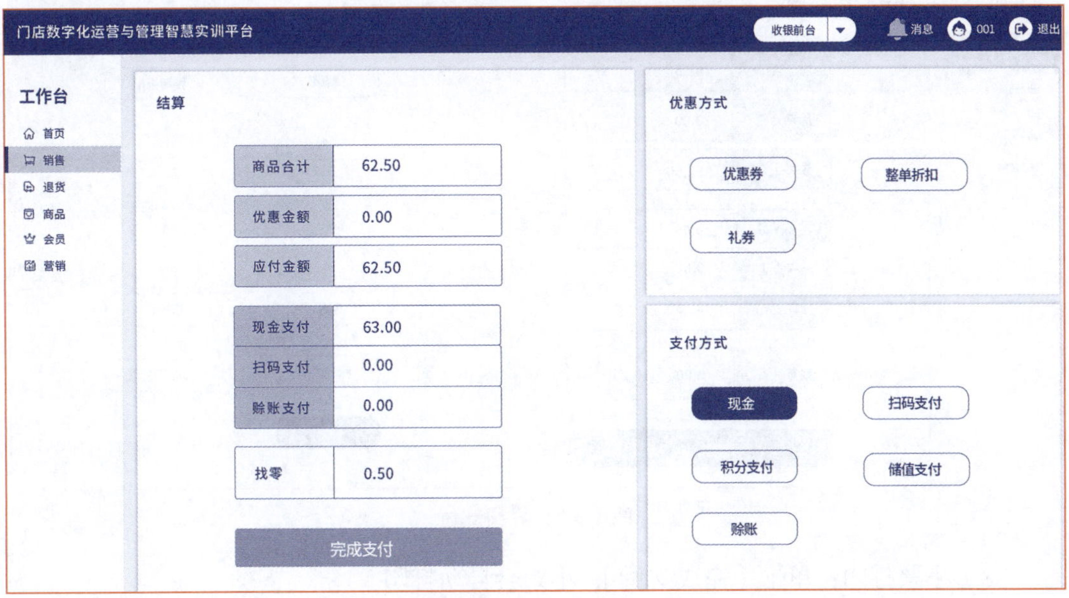

图 1－5　现金结算

（6）微信 / 支付宝收款：用扫描枪扫描消费者的微信 / 支付宝的收款码，页面提示支付成功即表示收款成功。如图 1－6 所示。

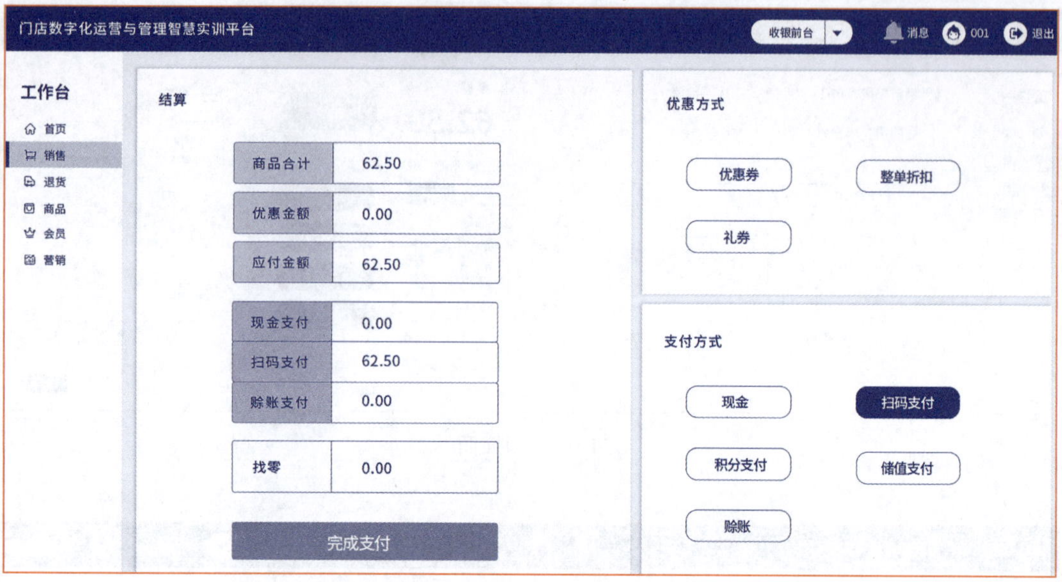

图 1－6　微信 / 支付宝收款

（7）会员支付：如果是会员，还可以选择储值、积分、赊账进行支付。如图 1－7 所示。

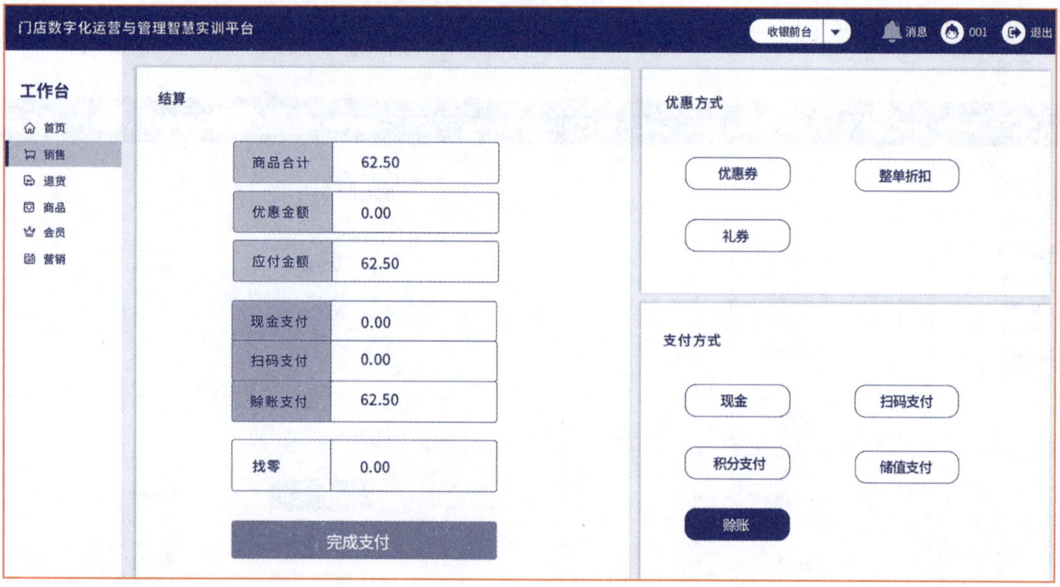

图 1－7　会员支付

（8）小票打印：单击【完成支付】，小票会自动打印。

（9）查单：如果需要确认上笔订单的情况，单击【查单】既可查看明细，也可以补打上一单的小票。如图 1－8 所示。

步骤 3　收银作业后的工作

1. 收银机关闭之前的工作

（1）在即将打烊时，如果还有消费者在收银机前等待，应该继续为其服务。

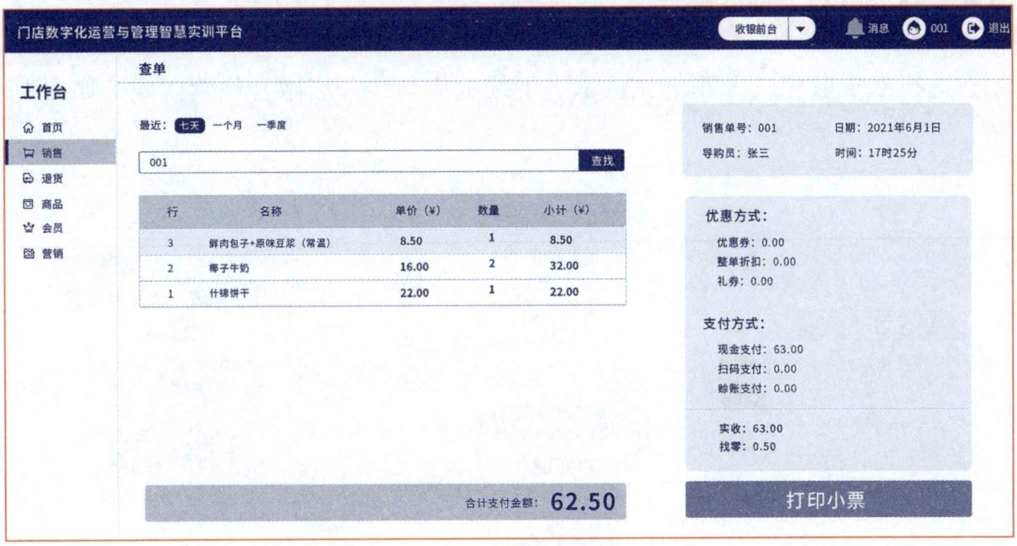

图 1－8　查单

（2）放置“暂停结账”的告示，向附近的消费者说“对不起，先生 / 女士，这个收银机已关上了。”并带消费者到另一个收银机去。

（3）检查保证所有的设备都完好无损，放回原来的存放位置。

（4）清理收银台及周围区域。

（5）退出、关闭收银机系统。

（6）切断收银机电源。

2. 每日收银结束之后的工作

（1）与收银领班一起关闭机器并清理收银机。

（2）收集单据并将它们与现金袋一起交到现金办公室。

（3）应提交给现金办公室的单据有：所有现金存放器具（现金袋）、信用卡单、友情卡、日记账卡、结算单、收银机打开关闭记录单。

（4）收银人员应与收银领班和出纳人员一起清点现金数量。

某零售门店营业结束后作业检核表如表 1－2 所示。

表 1－2　某零售门店营业结束后作业检核表

时段	检查内容	执行情况	
		是（√）	否（×）
收银作业后	整理已作废的收银条		
	结清账款，填制清单		
	在他人的监督下把钱装入钱袋		
	整理收银作业区		
	关闭收银机电源并盖上防尘罩		
	擦拭购物篮，并放于指定位置		
	协助现场人员处理善后工作		

门店：　　　　　　收银员：　　　　　　日期：　　年　月　日

子任务 2　线上收银

在进行线上收银前，我们先认识一下线上店与线下店融合经营模式，如图 1－9 所示。

图 1－9　线上店与线下店融合经营模式

任务目标

1. 熟悉线上收银作业流程。
2. 掌握线上线下的销售数据实时互通共享。

任务描述

实施线上收银操作及销售数据查询。

任务分析

随着新零售、全渠道等概念的不断提出，互联网购物和配送业务的兴起，越来越多的商家选择线上线下一体化经营管理，除实体店铺以外，很多超市、便利店都会有自己的线上商城，且支持订单配送，线上线下一体化经营已成为现在的主流模式。顾客在线上商城下单，配套的收银系统同步进行会员积分、商品库存更新等数据处理，方便顾客使用，商家也便于管理，真正做到一体化的经营管理。

任务操作

操作步骤和关键节点如下。

一、顾客购买

步骤 1 顾客购买订单完成

顾客扫码完成支付，如图 1－10 所示。

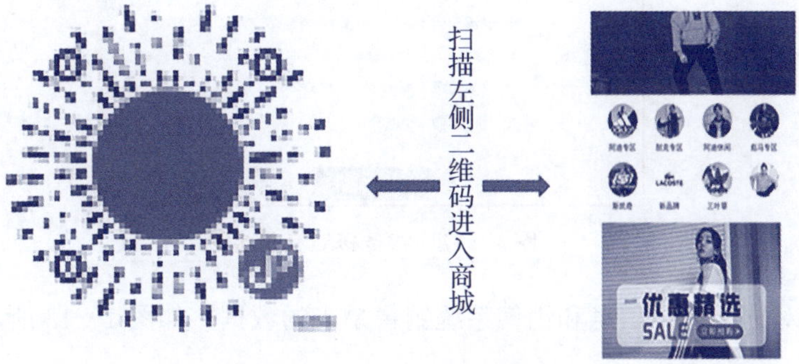

图 1－10 顾客扫码完成支付

步骤 2 物流部销账

物流部在后台查看订单，在销售系统后台进行销账，将销账报表发送财务。

步骤 3 财务部核对

财务可通过商户云后台数据报表中看到每笔交易信息，通过财务报表中的实际金额，财务 D+1 核对收款实际到账金额是否正确，回款是否及时，如图 1－11、图 1－12 所示。（每日进行销售系统和小程序收款核对）

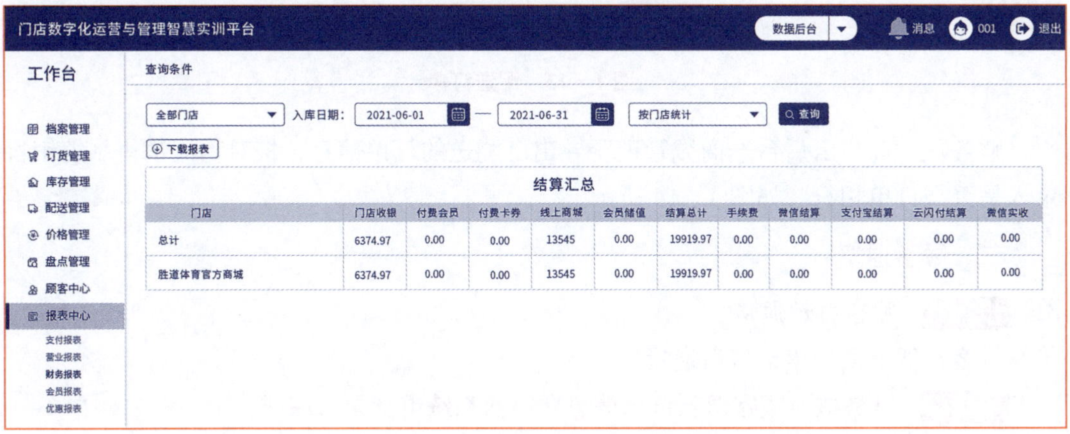

门店	门店收银	付费会员	付费卡券	线上商城	会员储值	结算总计	手续费	微信结算	支付宝结算	云闪付结算	微信实收
总计	6374.97	0.00	0.00	13545	0.00	19919.97	0.00	0.00	0.00	0.00	0.00
胜道体育官方商城	6374.97	0.00	0.00	13545	0.00	19919.97	0.00	0.00	0.00	0.00	0.00

图 1－11 云后台交易信息

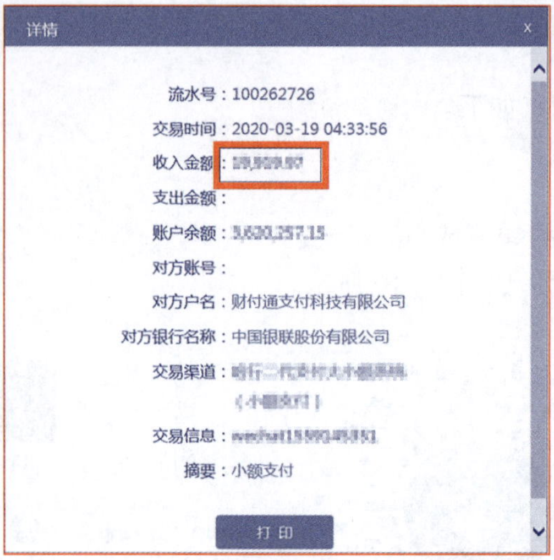

图 1－12　财务核对交易金额

财务核对物流订单信息和销售系统销售录入的数据，如图 1－13 所示。

图 1－13　配送订单

财务从“商户云后台—商城管理”导出已配送的订单信息，核对物流销售系统销售录入是否与订单相符。如图 1－14 所示。

二、顾客退货

步骤 1　顾客办理退货

顾客在线上商城申请售后退货。

步骤 2　财务核对顾客退款订单信息、销售系统退货录入完成

物流确认可退货订单（邮件到零售部），零售按订单号进行退款；财务通过商户云后台—商城管理—退款订单确认退款金额，导出已退款订单；并在系统里确认物流是否完成退货。如图 1－15 所示。

订单编号	创建时间	货号	尺码	数量	价格
202003101121531583810513[redacted]	2020-[redacted] 11:21:56.0	CI1384100	XL	1	93
202002210025191582215919[redacted]	2020-[redacted] 00:25:23.0	AV9371100	6-	1	383
202002171207211581912441[redacted]	2020-[redacted] 12:07:25.0	DQ2645	A/M4″	1	115
202003041353301583301210[redacted]	2020-[redacted] 13:53:31.0	B26070	12-K	1	347
202003041353301583301210[redacted]	2020-[redacted] 13:53:31.0	S32130	12K	1	344
202003041353301583301210[redacted]	2020-[redacted] 13:53:31.0	FM4941	128	1	389
202002161203511581825831[redacted]	2020-[redacted] 12:03:52.0	AV9371100	6-	1	383
202002281541161582875676[redacted]	2020-[redacted] 15:41:18.0	DQ3056	A/M	1	85
202002281541161582875676[redacted]	2020-[redacted] 15:41:18.0	2PU84464201	AM	1	99
202002281541161582875676[redacted]	2020-[redacted] 15:41:18.0	AT8959010	M	1	142
202002210608171582236497[redacted]	2020-[redacted] 06:08:22.0	DA9997	7-	1	215
202003152015251584274525[redacted]	2020-[redacted] 20:15:26.0	BQ3207002	5-	1	299
202003151748011584265681[redacted]	2020-[redacted] 17:48:03.0	BV5634010	XL	1	119
202003151627201584260840[redacted]	2020-[redacted] 16:27:22.0	BV5634010	L	1	119
202003151326461584250006[redacted]	2020-[redacted] 13:26:48.0	928484063	2XL	1	419
202003151233481584246828[redacted]	2020-[redacted] 12:33:49.0	C77124	5-	1	463
202003151136431584243403[redacted]	2020-[redacted] 11:36:44.0	812655011	6-	1	299
202003151136431584243403[redacted]	2020-[redacted] 11:36:44.0	812655011	8	1	299
202003151105521584241552[redacted]	2020-[redacted] 11:05:54.0	C77124	4-	1	463
202003150953141584237194[redacted]	2020-[redacted] 09:53:16.0	BV5634010	XL	1	119
202003150952551584237175[redacted]	2020-[redacted] 09:52:56.0	CD5463100	8-	1	329
202003150810081584231008[redacted]	2020-[redacted] 08:10:09.0	812655011	8	1	299
202003142059451584190785[redacted]	2020-[redacted] 20:59:47.0	C77124	4-	1	463
202003141413191584166399[redacted]	2020-[redacted] 14:13:20.0	C77124	5	1	463
202003141347211584164841[redacted]	2020-[redacted] 13:47:22.0	C77124	4-	1	463
202003141326061584163566[redacted]	2020-[redacted] 13:26:08.0	GC8688	M	1	439
202003141326061584163566[redacted]	2020-[redacted] 13:26:08.0	FM2202	M	1	549
202003141321371584163297[redacted]	2020-[redacted] 13:21:39.0	BV5634010	M	1	119
202003141313021584162782[redacted]	2020-[redacted] 13:13:03.0	AQ0295010	XL	1	269
202003141117411584155861[redacted]	2020-[redacted] 11:17:43.0	AV9370111	5	1	359
202003131734491584092089[redacted]	2020-[redacted] 17:34:50.0	CD7070103	9	1	779
202003131619381584087578[redacted]	2020-[redacted] 16:19:40.0	BV5634010	2XL	1	119
202003131521361584084096[redacted]	2020-[redacted] 15:21:37.0	812655011	6-	1	299
202003131050481584067848[redacted]	2020-[redacted] 10:50:50.0	M20607	13-K	1	265
202002151407301581746850[redacted]	2020-[redacted] 14:07:32.0	FL1959	A/2XL	1	400
202002171959581581940798[redacted]	2020-[redacted] 20:00:03.0	FL7815	A/L	1	129
202002171704581581930298[redacted]	2020-[redacted] 17:05:03.0	FL6945	A/L	1	100
202002171514501581923690[redacted]	2020-[redacted] 15:14:55.0	CW1959	XL	1	100
202002241904181582542258[redacted]	2020-[redacted] 19:04:19.0	EF9853	9	1	335
202002221444541582353894[redacted]	2020-[redacted] 14:44:59.0	CW1959	L	1	100
		合计			13545

图 1－14　核对线上收银金额

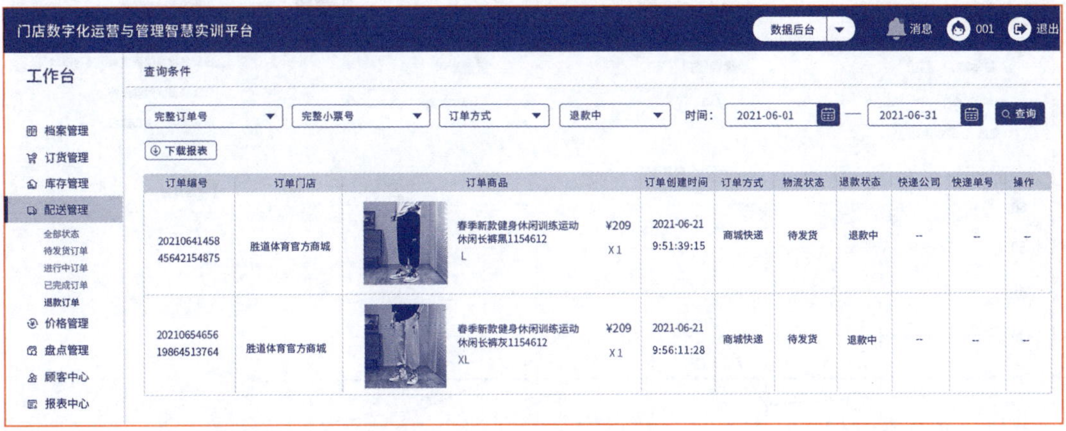

图 1－15　确认退款订单

步骤 3　退款

（1）若退款金额小于当日实收金额，可正常退款。

（2）若退款金额大于当日实收金额，可进行如下操作：

操作 1：财务部将 D+1 到款权限暂时关闭，设置成手工提现。可以将当天的营业款存在基本账户里用于退款。退款结束，立即更改成 D+1 到款。如图 1－16 所示。

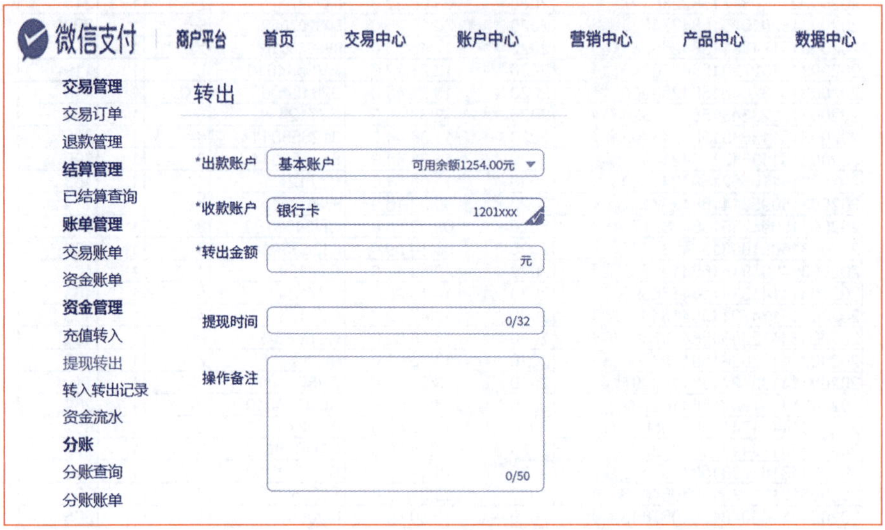

图 1－16　手工提现

操作 2：零售部门需要将退款的金额及相对应的退款订单明细，以签呈形式提报，由财务部将退款金额充值到线上基本账户。如图 1－17 所示。

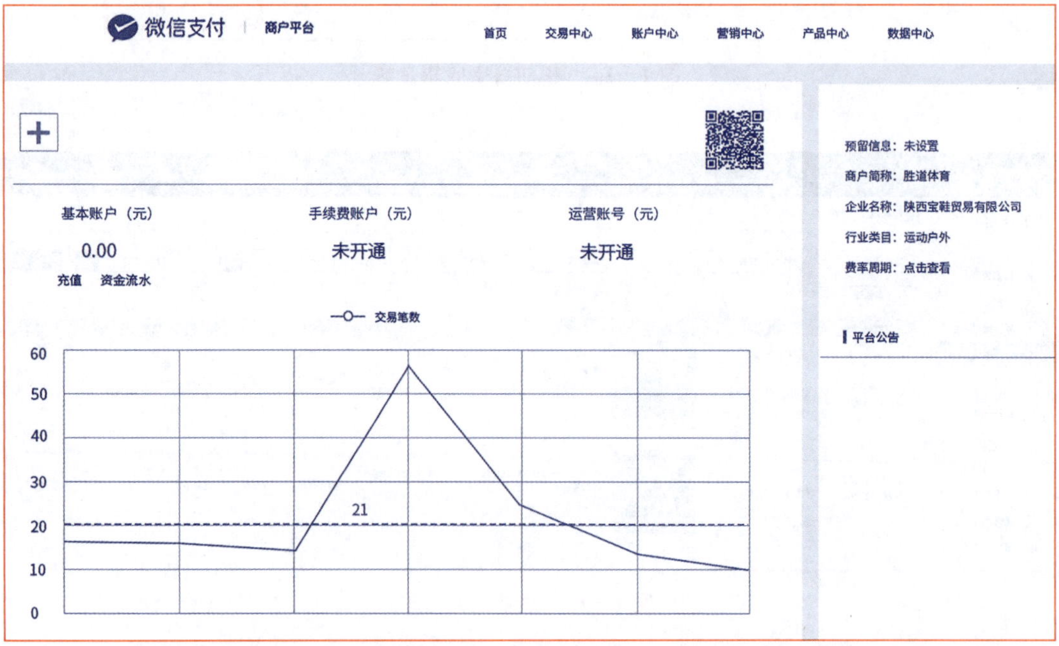

图 1－17　向基本账户充值

直通职场

销售数据采集示例

一、登录

（1）单击桌面上的快捷方式“收银软件”或者在IE浏览器键入ERP网址，都可以进入收银系统。如图1－18所示。

图1－18 网址

（2）打开网址后，输入收银台第一层账号，并输入密码。如图1－19所示。

图1－19 登录

（3）登入后，如图1－20所示。找到“××商场收银系统”，单击进入。

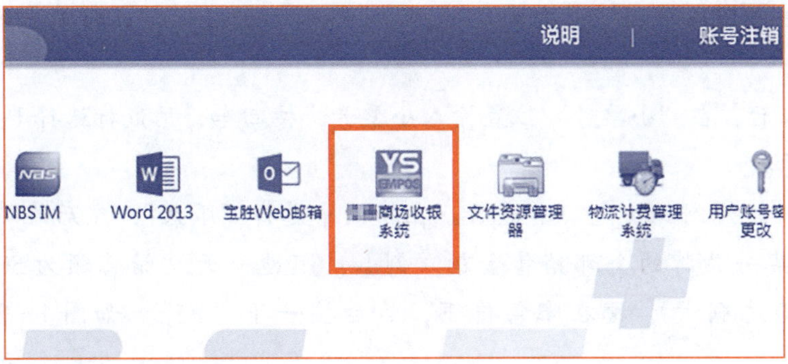

图1－20 收银系统

（4）输入“用户代码”即ERP第二层账号，也是每一个收银员自己的代码，再输入密码，“公司名称”选择自己所属公司名称，如“大悦城运动城”，然后单击确定。如图1－21所示。

图 1－21　收银登录

二、销售录入

（1）进入“商场收银系统”后，选择“商场管理”选项下的“POS 收银”。如图 1－22 所示。

图 1－22　POS 收银

（2）单击“POS 收银”后会出现如图 1－23 所示的显示，直接单击确定，什么都不用改动。

（3）进入后，在“小票号”位置输入小票号，按回车，用鼠标选择要输入的品牌。如图 1－24 所示。

（4）以服装为例，按完回车键后，在界面中选择“服装”，然后在“零售价”下面填写当天某一品牌的全部销售金额。例如：阿迪一天总销售额为 500 元（含 300 元现金和 200 元刷卡），填在零售价下，然后按一下“F5”。如图 1－25、图 1－26 所示。

（5）按“F5”会出现如图 1－27 所示的界面。例如：佳木斯一共 7 个品牌，需要录七次，七张小票。例如：阿迪一天总销售额为 500 元（含 300 元现金和 200 元刷卡），现在“请输入收款金额”的框里输入 300 元，用鼠标选择“现金”。

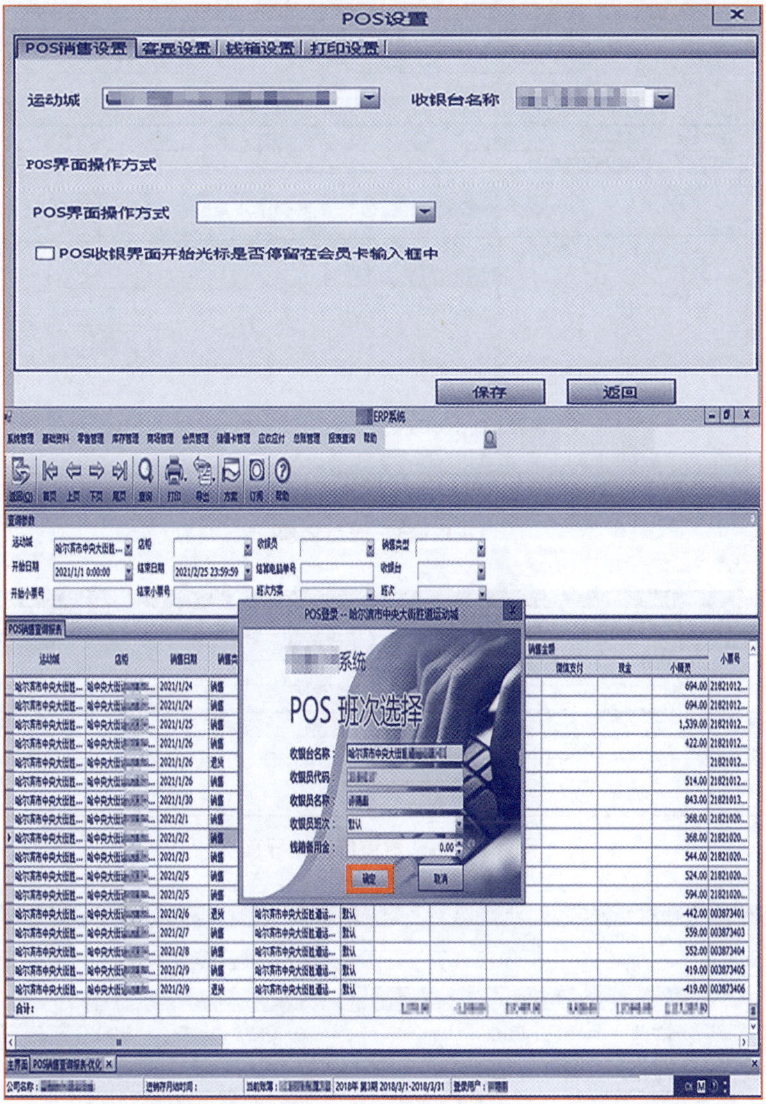

图 1－23　POS 设置

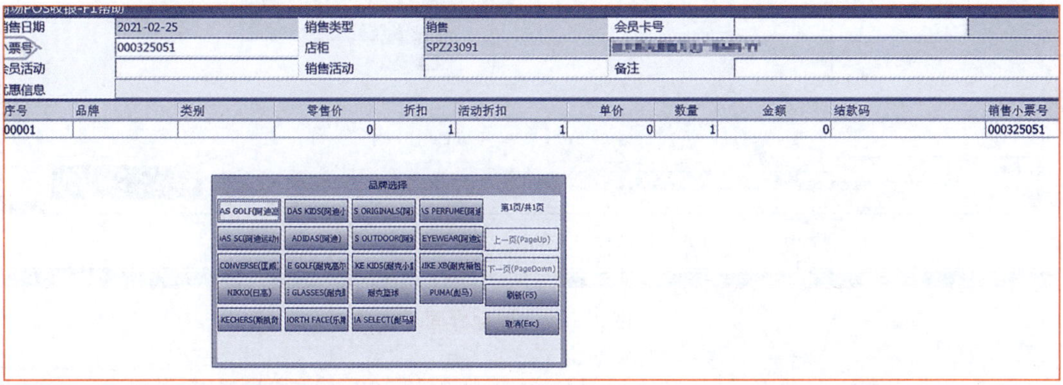

图 1－24　小票号

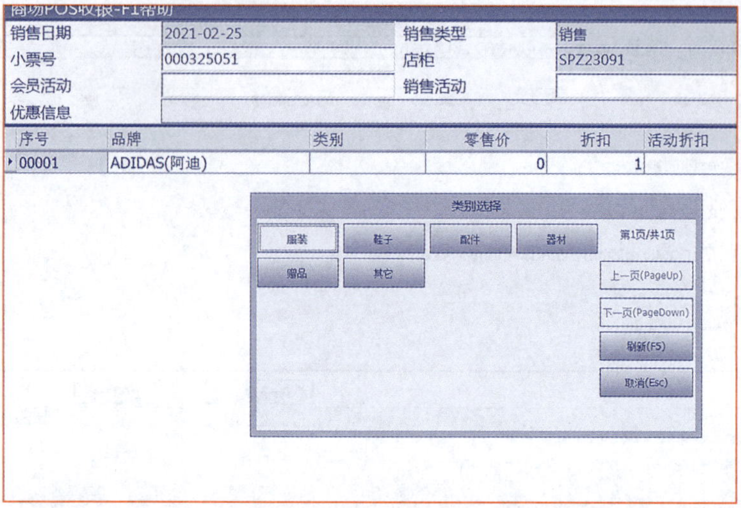

图 1－25　服装销售

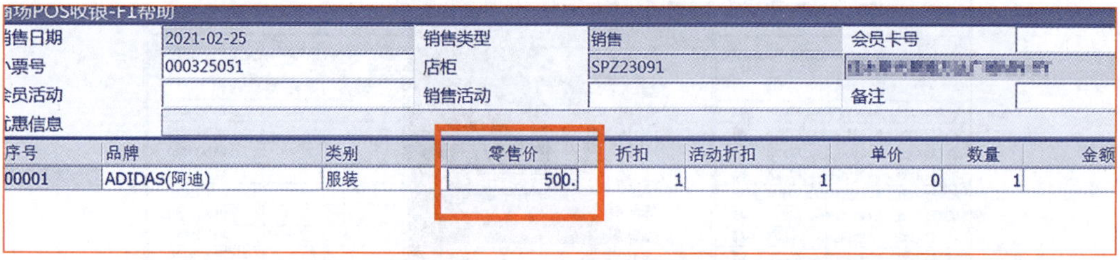

图 1－26　零售价查询界面

图 1－27　现金界面

（6）在“请输入收款金额”的框里输入刷卡金额 200，用鼠标选择“刷卡”，在对话框里输入“1232”，按回车。如图 1－28 所示。

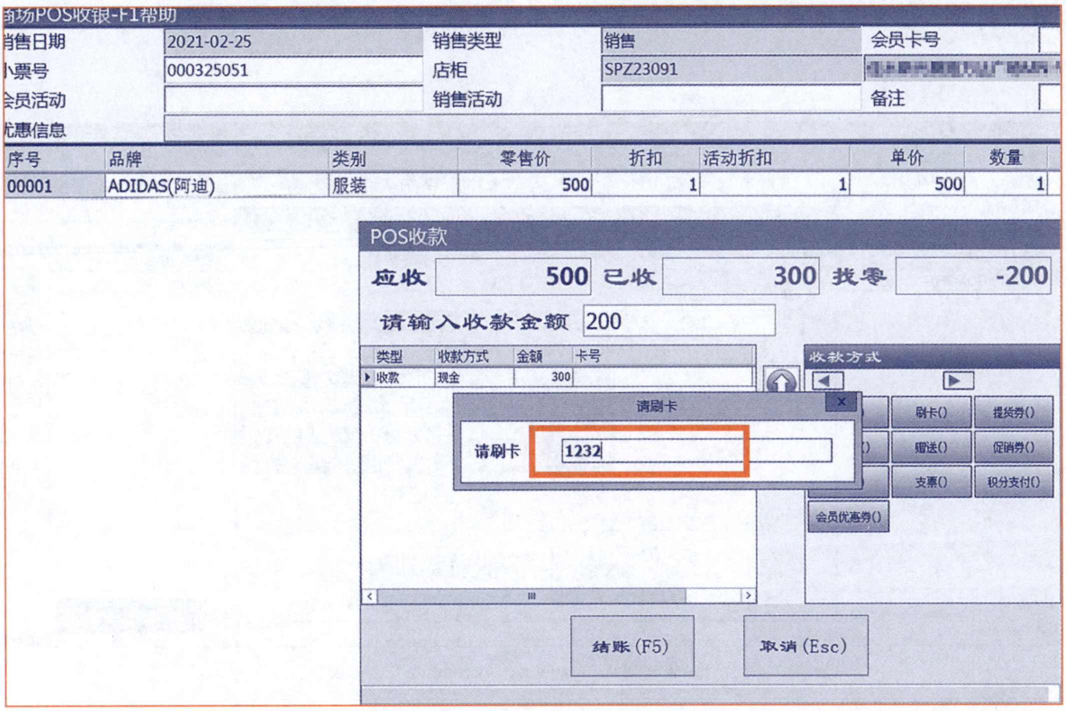

图 1－28　刷卡界面

（7）最后核对录入的付款方式、现金或者刷卡金额。如图 1－29 所示。

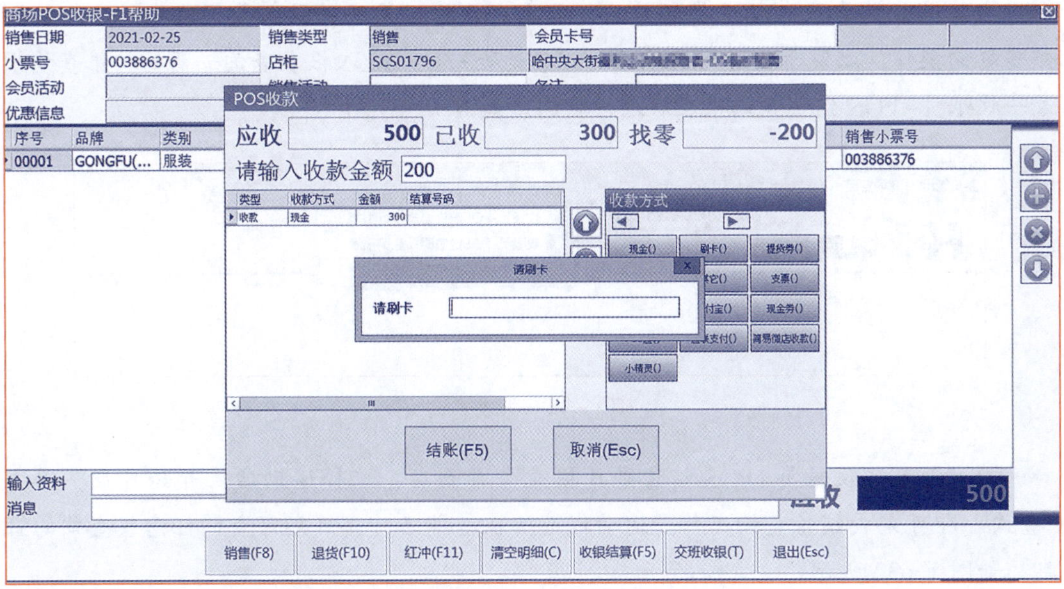

图 1－29　核对

（8）单击“结账（F5）”会显示“是否确认 POS 结账操作？”这时候一定要仔细确认一下某品牌当天的付款方式、现金或者刷卡金额，然后单击“是—结账”。某一品牌当天的所有销售都已经录入电脑了。销售录入过程与店铺录入销售一致，只是区分现金、刷卡、支票、微信支付等收款方式，并且收银系统必须区分收款方式。如图 1－30 所示。

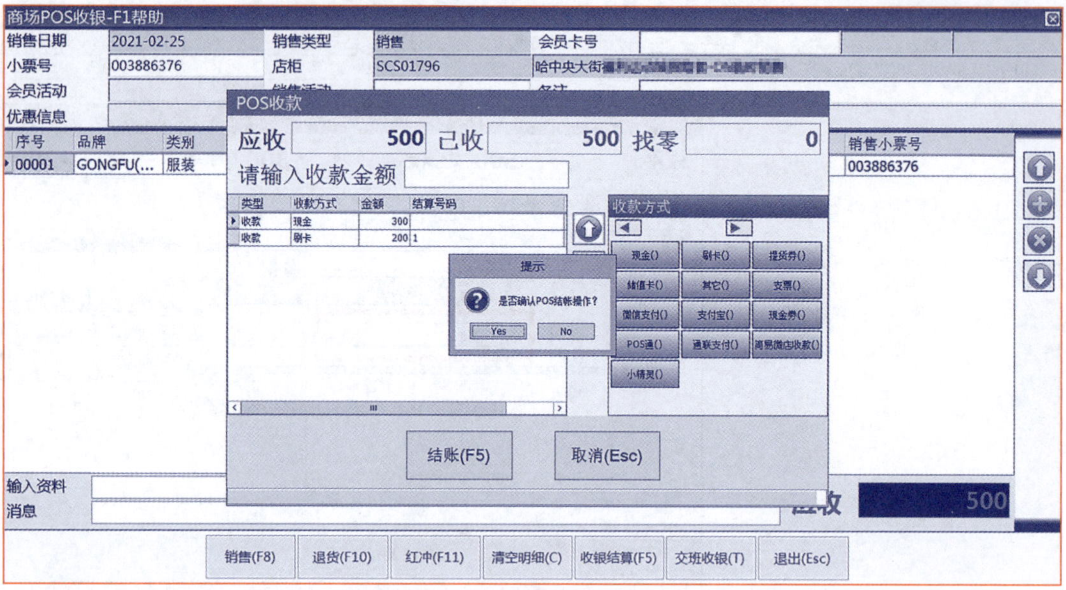

图 1－30　结账

三、销售查询

（1）进行销售录入或退货操作后，需要查询收银系统的录入是否准确时，可进行销售查询操作，以便于及时与店铺核对销售是否一致。进入报表查询—商场收银查询报表—收银员 - POS 销售查询报表后进行查询。如图 1－31 所示。

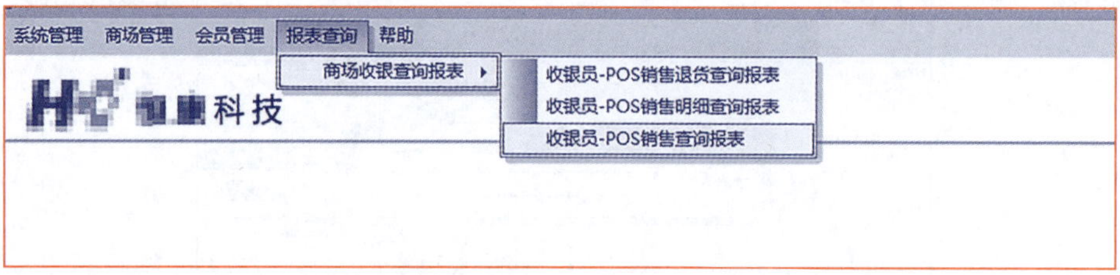

图 1－31　报表查询

（2）进入“收银员 - POS 销售查询报表”界面后，选择运动城，开始日期，单击“查询”即可完成销售查询工作。运动城选所在店铺名称、日期可查询任意想查询的日期。如图 1－32 所示。

（3）单击“查询”后，可出现如图 1－33 所示的信息，可核对支付方式、销售类型、小票号、销售总金额等。销售查询完毕。

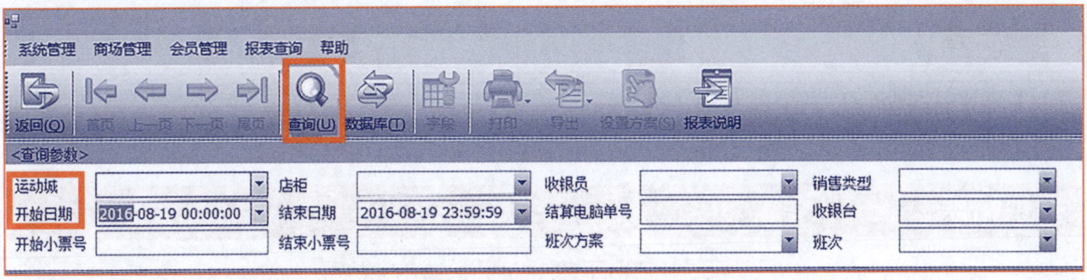

图 1－32　查询

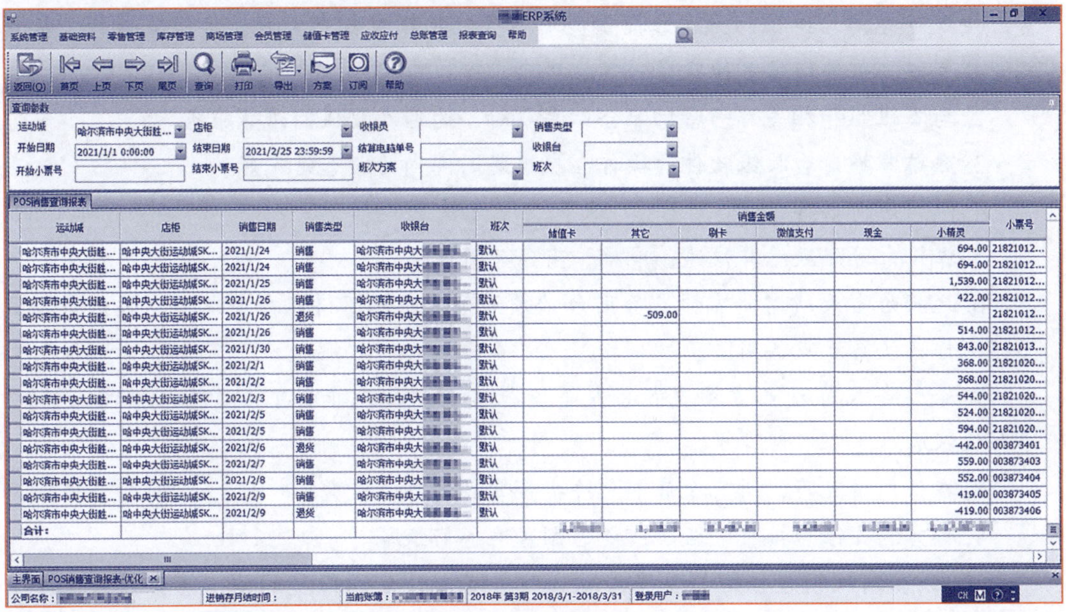

图 1－33　查询完毕

任务思考

1. 如何绘制一个收银流程？

2. 如果查询某会员的消费情况，应如何操作？

知识拓展

收银岗位的工作制度及岗位职责

1. 遵守各项管理规定，服从单位管理及领导安排。工作必须热情、认真、负责，按规范站姿、站位，为顾客提供优质服务，收银员仪表大方，按规范着装，妆容淡雅大方，工作岗位不能空岗，不准串岗。

2. 与本班组和相关部门密切配合；需要时，为客人提供问讯等服务。

3. 熟练掌握前台收银软件的操作，在规定时间内为顾客结完账。

4. 做好班前准备工作。

5. 保证每笔账款结算快速、准确、有条不紊。

6. 兑换好当天所需要零钱，备用金必须天天核对，不得以白条抵现，做好当天交接工作，认真清点备用。

7. 除财务人员盘点货物或领导人员例行检查，杜绝非收银员（包括管理人员）进入收银台。

8. 在任何情况下，所有人员不允许携带食品进入收银台。

9. 顾客到收银台接打电话时，要为顾客准备好纸笔。

10. 顾客到收银台停留，要保持站立服务姿势，主动微笑问询“您有什么需要吗？需要我为您做点什么？”等语句。如顾客在收银台消费，应主动热情服务，积极推销商品及其他服务项目。

11. 输单时，不能私自用其他服务项目同值代替其他消费项目。

12. 跟办上一班未尽事宜。

13. 收银员不得无故撤单，如要撤单，必须注明原因，并由门店主管或值班经理签字方可。私自撤单，造成跑单的由收银员负责。

14. 下班必须按企业规定逐项交接清楚，交接要及时、准确，对于签单顾客结算时，必须由当事人签字，每班结束，编制《收银员收入明细表》等内部账表。

15. 收银员遵守公司保密制度，不经企业领导批准不得让无关人员动用收银台电脑或翻看单位营业收入报表，不得向无关人员及企业外人员泄露企业经营收入情况。

16. 负责设备的日常保养，保证机器正常运作。

17. 承办上级交办的其他工作。

任务二 采购进货数据采集

任务目标

1. 掌握采购流程。
2. 根据数据对供应商进行考核。

任务描述

根据需求制定采购计划，根据采购计划制订采购订单，同供货商签订采购合同后，在合同执行的过程中实施进度追踪与质量追踪，根据各项数据对供货商进行考核。

任务分析

采购（purchasing）是指企业在一定的条件下，从供应市场获取满足质量、数量和价格要求的合适的产品或服务作为企业资源，以保证企业生产及经营活动正常开展的一项企业经营活动。一个完整的采购作业流程应该包括以下内容：发现需求、编制采购计划、选择供应商、拟定采购订单、跟催货物、验收货物、支付货款和更新记录。采购涉及技术、产品、市场、竞争、价格，需要运用各种市场手段和策略，实现采购在企业中的战略价值。采购是把企业的商务需求与外部供应商的技术和能力联系起来，力求使供应商的技术和能力与企业自己内部用户之间达到最优的配合，为顾客或最终消费者提供价值。由于经济全球化的深化，电子信息技术和互联网的迅速发展，现代采购面向的是全球的供应市场，在全球范围内寻求资源的最有利、最高效的配置。采购系统是企业生产经营不可缺少的过程，主要是核算企业采购货品的业务过程，并对采购业务过程进行组织、实施、控制与监察管理。采购管理系统作为企业管理系统的一个重要核心，其功能也是非常强大的，包括了多途径采购功能、订单管理、发票管理、购货与质检、供应商供货管理、集团内部采购业务、业务流程设计、资料联查、多级审核管理等多种与采购相关的功能，正因为有了这些分工明确的功能，使得采购管理系统可以极大地提升企业的采购效率，提高企业效益。

任务操作

操作步骤和关键节点如下。

步骤1 寻价

1. 明确产品采购要求

（1）需求人员提出物料采购要求（包括产品的型号、技术参数、材质等）。

（2）采购人员整理产品采购要求，为后续采购提供依据，如有更改应及时通知采购部门。

2. 供应商的开发

（1）通过多方信息渠道收集相关供应商的资料，至少寻找3家以上的供应商；电话或QQ、旺旺与这些供应商或承包商进行初步的沟通：索要相关技术资料、报价表等，必要时可要求寄样品以供测试。

（2）初步比较后确定相对合适的3家（或以上）进行实质性的沟通（对用量大或重要的产品供应商应在必要时需进行实地考核综合评估），通过价格、性能、服务等相关方面的因素形成《寻价表》，并依此作为选用供应商的依据。

（3）跟踪样品到货及使用情况。

（4）各项考察合格后可进行初步合作：打样、小批量采购等。

（5）初步合作完成做一个评定，确定合格后选取为合格供应商，如仍存在问题要求其限期改善，直至达到我方的标准。

（6）将产品报价录入系统。

步骤2 采购过程的实施

1. 采购申请

系统采购订货分为三种模块：大仓订货、越库订货、直上柜订货。

（1）大仓订货：商品是物流配送中心的，门店直接订货。门店营业员根据现场陈列、顾客求购信息、商品库存量提报订货需求（见表1－3），由门店管理员签名确认无误，录入员录入订货单，在R3系统里的门店日常自营单据作业里找到要货单维护作业，由收货组管理员审核完毕，如图1－34～图1－38所示，这个大仓订货就完成了。

表1－3 某零售门店商品订货表

日期	条码	品名	规格	库存	在途	订货	备注
2/22	1941552281284	纽崔莱	1*1	26	0	30件	下期到货
	6954432711321	炫迈	1*36	37	0	1件	
	6954432710911	…	1*36	56	0	1件	
	6954432710195	…	1*36	37	0	2件	
	6901668005014	奋斗	1*12	33	0	3件	
	6901668004574	厚道价	1*12	28	0	3件	
	4895558315741	EDO	1*12	14	0	4件	

续表

日期	条码	品名	规格	库存	在途	订货	备注
	4894375022417	ASI	1*20	12	0	3 件	
	4894375017826	…	1*16	17	0	3 件	
	4711269686039	ABC	1*12	19	0	3 件	
	4711269686244	…	1*12	31	0	3 件	
	6971862390650	苔之乐	1*30	4	30	2 件	
	6971862390780	…	1*30	15	0	2 件	
	6924743926325	平手	1*22	3	22	2 件	
	6924743926329	…	1*22	21	0	2 件	
	6924743926332	…	1*22	20	0	2 件	
	6924743925076	…	1*22	17	0	2 件	
	6924743926357	…	1*24	17	0	2 件	
	6924743926394	…	1*24	3	24	2 件	

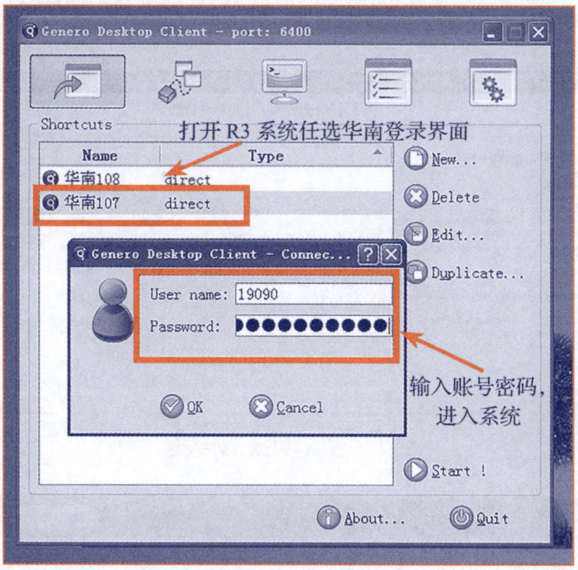

图 1－34 登录

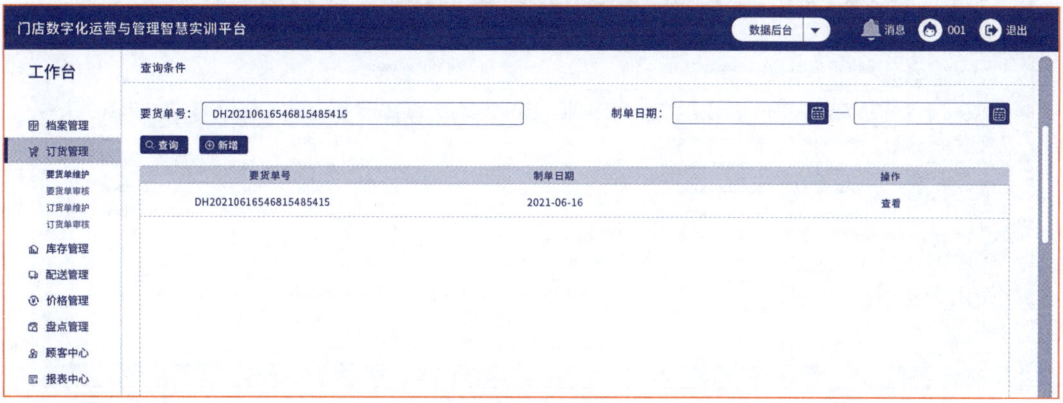

图 1－35 要货界面

图 1－36　补货

图 1－37　填报补货数量

图 1－38　审核

（2）越库订货：由公司安排的供应商出单日来订货，是门店提出申请要货，大仓统计各门店要货量，由大仓统一订货，越库订货如同大仓订货操作流程。

（3）直上柜订货：门店下直上柜订单，供应商直接送货到门店，操作如表 1－4 所示。

表 1－4 直上柜商品订货（退货）清单

供货商名称： 订货电话： 填表人：

商品条码	商品名称	商品规格	预订数量	预定送（退）货时间
6924686560013	鲜组		11	
6924686501115	大鲜		10	
6924686562161	九组		3	
6924686562741	机组		3	
6924686562581	供组		6	
6924686502761	大供		8	
6924686500125	小鲜		10	
6924686503010	A2		2	
6924686502396	大九		2	
6924686502914	大机		2	

①白色柜台自存
②红色收货组留存
③黄色柜台留存

收货组签收人及签收时间：
收货组（通知供货商）经手人、通知时间：
供货商承诺送（退）货时间、对方经手人：

2. 采购实施

（1）采购首先选择好合适的供应商并做好物料订单，经采购经理签字确认后传真到供应商并要求供应商制作采购单（购销合同）签章确认后回传，采购人员核对型号、数量、价格、到货日期等，确认无误后再回传到供应商处要求进行生产与发货，采购人员整理采购原件并跟踪合同的到货情况。

（2）办公、生活用品的采购经采购部初步估价后向财务部借支现金，直接到市场购买，月用量大的物料应找好一两家合适的商家固定供应。

采购订单录入：单击办公模式→订货管理→订货单维护→新增订货单→进入“新增订货单”窗口，如图 1－39 所示。

新建采购订单如图 1－40 所示。

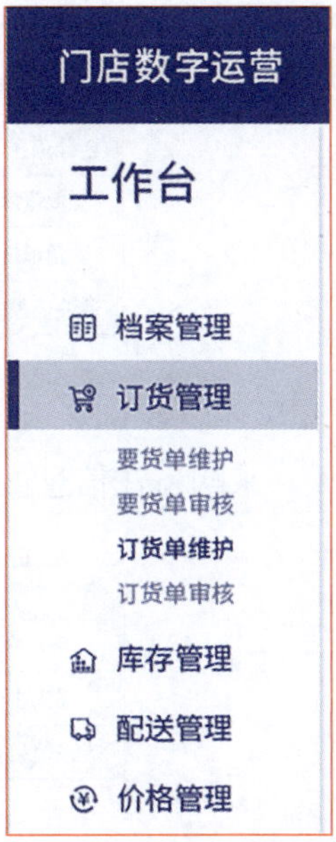

图 1－39 采购管理界面

	商品条码	商品名称	单位	进价（元）	售价（元）	日均销量	补货类型	库存数量	申请数量	操作
1	68946454548574	新怡金装孕妈妈900g/罐	罐	215.00	259.00	2	大仓采购订货	12	10	【删除】
2	68946454548554	李记老四川酸菜鱼配料	袋	5.80	6.90	55	越库订货	5	6	【删除】
3	68946454548554	李锦记桂林辣椒226g	瓶	11.50	12.80	142	直上柜订货	24	14	【删除】
4	68946454548554	味好美麻婆豆腐料35g	包	3.80	4.90	16	直上柜订货	6	6	【删除】

图 1－40　新建采购订单

采购基本信息如图 1－41 所示。

基本信息					
订货编号	DH20210616546815485415	订单日期	2021-06-16	运送方式	请选择
采购员	张三	订货部门	请选择	结算方式	请选择
供应商	福建食品供应链有限公司	是否为增值税	请选择	支付方式	请选择

图 1－41　采购基本信息

采购合计信息如图 1－42 所示。

合计信息			
数量合计	36.00	金额合计	2368.60
整单折扣率	1.00	整单折扣金额	0.00
备注信息			

图 1－42　采购合计信息

采购备注信息如图 1－43 所示。

合计信息			
数量合计	36.00	金额合计	2368.60
整单折扣率	1.00	整单折扣金额	0.00
备注信息			

图 1－43　采购备注信息

采购订单明细如图 1－44 所示。

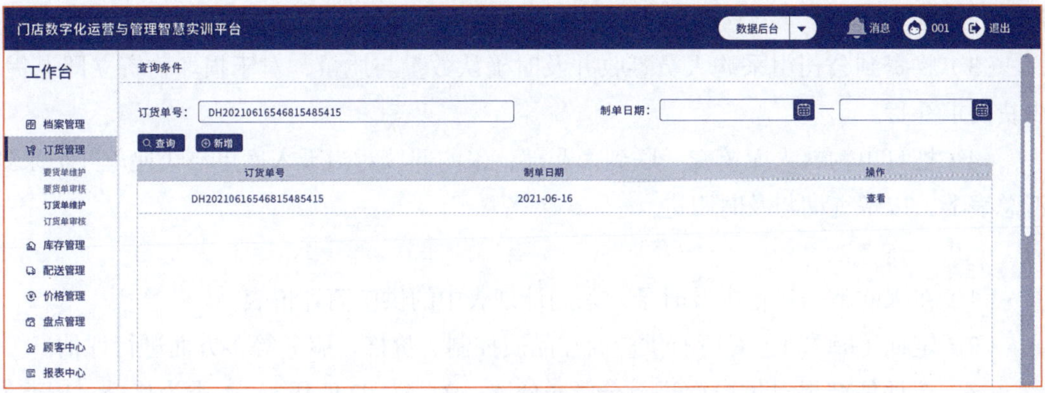

图 1－44 采购订单明细

采购增加数据界面如图 1－45 所示。

图 1－45 采购增加数据界面

增加之后，数据详情如图 1－46 所示。

	商品条码	商品名称	单位	进价（元）	售价（元）	日均销量	补货类型	库存数量
1	68946454548574	新怡金装孕妈妈900g/罐	罐	215.00	259.00	2	大仓采购订货	12
2	68946454548554	李记老四川酸菜鱼配料	袋	5.80	6.90	55	越库订货	5
3	68946454548554	李锦记桂林辣椒226g	瓶	11.50	12.80	142	直上柜订货	24
4	68946454548554	味好美麻婆豆腐料35g	包	3.80	4.90	16	直上柜订货	6

图 1－46 增加数据详情

3. 采购跟进

（1）所有采购单（购销单）都应汇总到采购计划表上，以便统一管理。

（2）采购交期应及时做好采购计划表中的供应商交货进度表，以此作为跟进交货和沟通的依据。

（3）物资到公司由采购人员签收并及时确认数量与质量，对于损坏物资立即退货，少货要求补货。

（4）把订单物料入库单交一联到采购部，采购部核对当天入库单与快递单并记录到汇总表上，以备查询与及时跟进。

4. 供应商管理

（1）在采购整个过程中及时录入采购计划表中的供应商评价表。

（2）定期（每季度）对所有供应商在品质控制、价格、服务等多方面进行评估。

（3）按评估结果对供应商进行分类（分 A、B、C、D 四级）：A 类为优秀，B 类为合格，C 类为勉强合格，D 类为不合格。

（4）对 A 类供应商保持良好的合作关系；对 B 类供应商要加强沟通；对 C 类供应商要求限期改善；对 D 类供应商予以取消，终止合作关系。

（5）根据具体情况与供应商谈产品价格与付款周期。

5. 供应商评价

（1）制定供应商评定权重表，如表 1－5 所示。

表 1－5　供应商评定权重表

权重	比例（%）	供应商甲	供应商乙	供应商丙
质量				
价格				
配合性				
总分				

（2）供应商甲交货考核表，如表 1－6 所示。

表 1－6　供应商甲交货考核表

权重	比例（%）	分数	备注
质量		分	品管提供一次合格率
价格		分	采购提供价格合格率
配合性		分	厂务提供交付及时率
总分		分	

可以将供应商分为 A、B、C、D 四类，如：

A 类为优秀，90 分（含）～ 100 分。

B 类为合格，70 分（含）～ 89 分。

C 类为勉强合格，60 分（含）～ 69 分。

D 类为不合格 59 分（含）以下。

任务思考

通过采购系统的数据，可对采购员及供应商进行评价，应有哪些评价内容呢？

知识拓展

公司采购订单范本

采购订单

采购方：　　　　　　　　　　供货方：

联系人：　　　　　　　　　　联系人：

联系电话：　　　　　　　　　联系电话：

传真：　　　　　　　　　　　传真：

收货地址：　　　　　　　　　发货地址：

品类	型号	款式	数量（个）	单价（元）	金额（元）	到货日期	送货单号	备注
总计应付					¥0.00			

物流明细：

物流单价：　　　　立方数：　　　　保险费：　　　　合计：

订单日期：　　　　　　　　　发货日期：

采购方签字：　　　　　　　　供货方签字：

盖章：　　　　　　　　　　　盖章：

任务三　在库商品数据采集

在库商品的管理主要包括仓库管理和盘点作业。仓库管理负责门店商品储存空间的管理；盘点则是对库存商品的清点和核查。

库存管理系统是生产、计划和控制的基础。通过对仓库、货位等账务管理及入/出库类型、入/出库单据的管理，及时反映各种物资的仓储、流向情况，为生产管理和成本核算提供依据。通过库存数据分析，为管理及决策人员提供库存资金占用情况、物资积压情况、短缺/超储情况、ABC分类情况等不同的统计分析信息。通过对批号的跟踪，实现专批专管，保证质量跟踪的贯通。如图1－47所示。

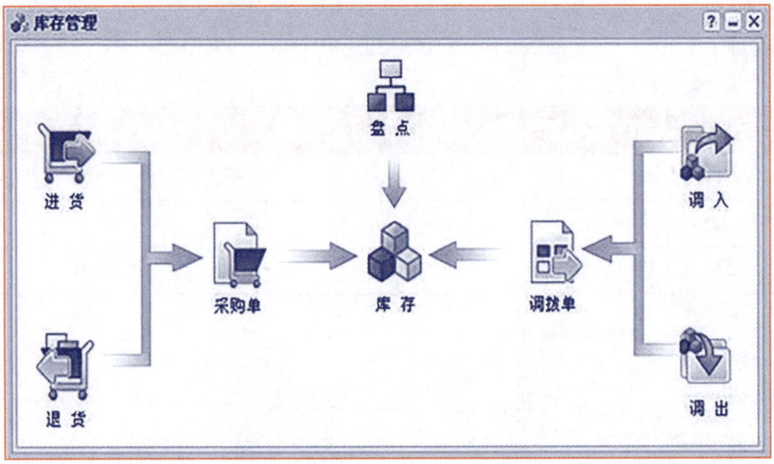

图1－47　库存管理系统

子任务1　入库操作

任务目标

1. 掌握入库操作。
2. 掌握库存商品的查询。

任务描述

采购的商品到了，需要办理交接并验收入库，并将商品信息正确录入库存系统。

任务分析

物资入库工作，必须经过物资接收、搬卸、装运、检查包装、点清数量、验收质量、物资堆码、办理交接手续和登账手续等一系列的操作过程。物资入库作业过程，要求在一定的时间内迅速准确地完成。除了要切实做好物资入库前的各项准备工作，还必须按照一定的、合理的具体操作程序来组织好入库作业。这套程序是：入库物资搬运、核对入库凭证、大数点收、入库验收、办理交接手续、办理物资入库手续。

任务操作

操作步骤和关键节点如下。

步骤1 入库前准备

1. 编制仓库物资入库计划

根据物资采购计划编制，内容包括进库时间、品种、规格、数量等，以便有计划地安排仓位，筹集各种器材，配备作业的劳力。仓库管理上可采取长计划短安排的办法，按月编制作业计划。

2. 入库前具体准备工作

物资入库的具体准备工作是指仓库接收物资入库的具体实施方案。这种具体实施方案是根据仓库业务计划，通过与供应业务部门、物资运输部门的日常联系，在掌握入库物资的品种、数量、到货地点、到货日期等具体情况的基础上来确定的。其主要内容有：

（1）组织人力按照物资到达的时间、地点、数量等，预先做好到货接运、装卸、搬运、检验、堆码等人力的组织安排。

（2）准备物力。根据入库物资的种类、包装数量等情况和接运方式，确定搬运、检验、计量等方法，配备好所用车辆，检验器材度量衡器和装卸、搬运、堆码苫垫的工具，以及必要的防护用具等。

（3）安排仓位按入库物资的品种性能、数量、存放时间等，结合物资的堆码要求，维修核算占用仓位的面积，以及进行必要的腾仓、清场、打扫、消毒、准备好验收的场地等。

（4）备足苫垫用品。根据入库物资的性能、储存要求的数量以及保管场所的具体条件，确定入库物资的堆码形式和苫盖、下垫形式，准备好苫垫物料。

步骤2 物资入库的操作程序

1. 物资接运

物资接运人员要熟悉交通运输部门及有关供货单位的制度和要求，根据不同的接运方式，处理接运中的各种问题。

（1）专用线接运。专用线接运是铁路部门将转运的物资直接运送到仓库内部专用线的一种接运方式。仓库接到车站到货通知后，应确定卸车货位，力求缩短场内搬运距离，准备好卸车所需的人力和机具。车皮到达后，要引导对位。

（2）车站、码头提货。到车站提货，应向车站出示“领货凭证”。如果“领货凭证”发货人未予寄到，也可凭单位证明或单位提货专用章在货票存查联上盖章，将货物提回。

（3）到码头提货。提货人要事先在提货单上签名并加盖公章或附单位提货证明，到港口货运处换回货物运单即可到指定的库房提取货物。提货时，应根据运单和有关资料认真核对物资的名称规格、数量、收货单位等，仔细进行外观检查，如包装是否铅封完好，有无水渍、油渍、受潮、污损、锈蚀、短缺、破损等。如果有疑点，或者与运单记载不相符合，应当会同承运部门共同查清，并开具文字证明；对短缺、损坏等情况，属于承运部门责任的，做出货运记录。

货到库后，接运人员应及时将运单连同提取回的物资向保管人员当面点交清楚，然后由双方办理交接手续。

（4）自提货。仓库直接到供货单位提货称为自提。自提这种方式的特点是提货与验收同时进行。仓库接到提货通知后，要了解所提物资的性质、规格、数量，准备好提货所需的设备、工具和人员到供货单位当场进行物资验收，点清数量，查看外观质量，做好验收记录。提货回仓库后，交验收员或保管员复验。

（5）送料。这是供货单位将物资直接送达仓库的一种供货方式。当货物到达后，保管员或验收员直接与送货人办理接收工作，当面验收并办理交接手续。如果有差错，立即做出记录，由送货人签章，向有关方面提出索赔或其他处理办法。

（6）差错处理。在接运过程中，有时会发生差错，如错发、混装、漏装、丢失、损坏、受潮和污损等。这些差错的原因，有属于发货单位造成的，有属于承运单位造成的，也有在接运短途运输装卸中自己造成的。这些差错，除了由于人们不可抗拒的自然灾害或物资本身性质引起的之外，所有差错的损失应向责任者提出索赔。

（7）接运记录。在完成物资接运工作的同时，每一步骤应有详细的记录。接运记录，应详列接运物资到达、接运、交接等各环节的情况，如表 1－7 所示。

表 1－7　接运记录单

序号	到达记录								接运记录					交接记录			
	通知到货时间	运输方式	发货站	运单号	车号	货物名称	件数	重量	日期	件数	重量	缺损情况	接货人	日期	提货通知单编号	附件	收货人

物资接运工作全部完成后，所有的接运资料，如接运记录、运单、运输普通记录、货运记录、损耗报告单、交接证、索赔单、提货通知单及其他有关资料等均应分类输入电脑系统以备复查。

2. 核对入库凭证

物资运抵仓库后，仓储人员根据采购部制定的采购订单对货物进行清点数量，依据供货商提供的送货单进行核对。按物资入库凭证所列的收货单位、货物名称、规格数量等具体内容，与物资各项标志核对。如发现送错，应拒收退回；一时无法退回的，应进行清点并另行存放，然后做好记录，待联系后再处理。经复核复查无误后，即可进行下一道工序。

3. 大数点收

大数点收是按照物资的大件包装（即运输包装进行数量清点）。点收的方法有两种：一是逐件点数计总，二是集中堆码点数。逐件点数时依靠人工点记费力易错，可采用简易计算器，计数累计以得总数。对于花色品种单一，包装大小一致，数量大或体积较小的物资适于用集中堆码点数法，即入库的商品堆成固定的垛形（或置于固定容量的货架），排列整齐，每层每行件数一致，一批商品进库完毕，货位每层（横列）的件数乘以层数即可得总件数。其中顶层的件数往往是零头，与以下各层的数量不一样，这时要注意避免由于统一统计而产生差错。

大数点收应注意以下事项：

（1）件数不符。接货大数点收中，如发生件数与通知单所列不符，数量短少，经复点确认后，应立即在送货单各联上批注清楚，应按实数签收。同时，由收货人员与承运人共同签章。经验收核对确实，由保管人员将查明短少物资的品名、规格、数量通知运输部门、供货单位和货主。

（2）包装异状。收货中如发现物资包装有异状时，收货人员应会同送货人员开箱、拆包检查，查明确有残损或细数短少的情况，由送货人员出具入库物资异状记录，或在送货单上注明。同时，应通知保管人员另行堆放，勿与以前入库的同种物资混堆在一起，以待处理。如入库物资包装损坏十分严重，仓库不能修复。加上由此而无法保证储存安全时，应联系货主或供货单位派人员协助整理，然后再验收入库。未正式办理入库手续的物资，仓库要另行堆存。

（3）物资串库。在点收本批入库物资时，如发现货与单不符，有部分物资错送来库的情况（俗称串库），收货人员应将这部分与单据不符的物资另行堆放，待应收的商品点收完毕后，交由送货人员带回，并在签收时如数减除。如在验收、堆码时才发现串库物资，收货人员应及时通知送货人员办理退货更正手续，不符的物资交送货人员或运输人员提走。

（4）物资异状损失。这是指接货时发现物资异状和损失的问题。设有铁路专用线的仓库，在接收物资时如发现短少、水渍、污损等情况时，由仓库收货人员直接与交通运输部门交涉。如遇车皮或船舱铅封损坏，经双方会同清查点验，确有异状、损失情况，应向交通运输部门按章索赔。如该批商品在托运之时发货方另有附言，损失责任不属交通运输部门者，亦应请其进行普通记录，以明责任，并作为必要时向供货单位要求赔偿损失的凭证。

4. 入库验收

在大数点收的同时，对每件物资的包装和标志要认真查看。检查包装是否完整、牢固，有无破损、受潮、水渍油污等异状。物资包装的异状，往往是物资受到损害的一种外在现象。仓库要对入库的物资做全面认真细致地验收，包括开箱、拆包、检验物资的质量和细数。确定商品外包装完好后，收货人员必须依照相关单据：订单、随货同行联，对进货商品品名、等级、数量、规格、金额、单价、有效期进行核实，核实正确后方可入库保管。如果发现异状包装，必须单独存放，并打开包装详细检查内部物资有无短缺破损和变质。逐一查看包装标志，目的在于防止不同物资混入，避免差错，并根据标志指示操作，确保入库储存安全。入库验收单如表 1－8 所示。

表 1－8　入库验收单

订购单编号：　　　　　　　　编号：　　　　填写日期：　　　年　　　月　　　日

编号	名称	订购数量	规格符合		单位	实收数量	单价	总价
			是	否				

<table>
<tr><td>是否分批交货</td><td colspan="2">□是
□否</td><td>会计科目</td><td></td><td>厂商供应</td><td></td><td>合计</td><td></td></tr>
<tr><td rowspan="2">检查方式</td><td colspan="2">抽样　　% 不良</td><td rowspan="2">验收结果</td><td rowspan="2"></td><td rowspan="2">检查主管</td><td rowspan="2"></td><td rowspan="2">检查员</td><td rowspan="2"></td></tr>
<tr><td colspan="2">个不良</td></tr>
<tr><td rowspan="2">总经理</td><td colspan="2">财务部</td><td colspan="2">仓储部</td><td colspan="2">采购部</td></tr>
<tr><td>财务主管</td><td>核算员</td><td>仓储主管</td><td>验收专员</td><td>采购主管</td><td>制单员</td></tr>
<tr><td></td><td></td><td></td><td></td><td></td><td></td><td></td></tr>
</table>

对于异常情况的查询处理：这是仓库将物资验收中的具体问题用书面形式通知货主或供货单位要求查明情况进行处理的一种方式。一般分别按溢余、短少残损、变质等情况用不同形式通知货主并抄送供货单位。有时仓库只提供验收中存在问题的记录材料，由货主填送表式给供货单位。一般采用的表式有："来货残损变质商品查询处理表"和"收货清点溢余、短少表"两种，其联数多少视业务需要而定。查询单不可作为入库原始凭证用于登记物资账。表 1－9 是"物资溢余、短缺、破损查询单"的一种样式。

表 1-9 物资溢余、短缺、破损查询单

到货时间		年 月 日						车单编号								
验收日期		年 月 日						材料单编号								
发货单位		合同号			运次			车号				凭证号			质量证明书	
运输方式		发站			运单号			到站				承付日期			发货件数	
目录编号	原始凭证记录				实收数	溢收		短缺		残损		质差		规格不符		备注
	物资名称及规格	单位	数量	总价		数量	金额	数量	金额	数量	金额	数量	金额	数量	金额	
收货部门验收及处理意见																
发货部门复查及处理意见																

收货单位： 审核： 经办人：

发货单位： 签复人： 年 月 日

5. 办理交接手续

入库物资经过上述工序，就可以与接货人员办理物资交接手续。交接手续通常由仓库收货人员在送货回单上签名盖章表示物资收讫。如果上述程序中发现差错、破损等情形，必须在送货单上详细注明或由接货人员出具差错、异状记录，详细写明差错的数量、破损情况等，以便与运输部门分清责任，并作为查询处理的依据。

供货单位应在收货单中记录供应商名称、物料名称、物料数量、编号、送货单号、送货日期等信息。收货单至少一式三联，收货人员在确认所送物料无误后，在每联上盖上企业的收货章，供货单位保存一联，收货部门保存一联，另一联由收货部门送交财务

（会计）部门作为付款的依据之一。入库验收报告单格式如表 1－10 所示。

表 1－10　入库验收报告单

编号：　　　　　　　　　　　　　　填写日期：　　　年　　月　　日

<table>
<tr><td>入库名称</td><td colspan="2"></td><td>数量</td><td colspan="3"></td></tr>
<tr><td>验收部门</td><td colspan="2"></td><td>验收人员</td><td colspan="3"></td></tr>
<tr><td>验收记录</td><td colspan="2"></td><td>验收
结果</td><td colspan="3">□合　格
□不合格</td></tr>
<tr><td rowspan="2">入库记录</td><td>入库单位</td><td></td><td>入库部门</td><td colspan="3"></td></tr>
<tr><td>主管经办</td><td></td><td>验收主管</td><td></td><td>验收专员</td><td></td></tr>
</table>

6. 办理物资入库手续

物资验收后，由保管员或收货员根据验收结果，在商品入库单上签收。同时将物资存放的库房（货场）、货物编号批注在入库单上，以便记账、查货和发货。经过复核签收的多联入库单，除保管人员存一联备查，账务员留一联登记物资账外，其余各联退送货主，作为存货的凭证物资入库手续，包括登账、立卡、建档。

（1）登账。登账即建立物资明细料账。即根据物资入库验收单和有关凭证建立的物资保管明细台账，并按照入库物资的类别、品名、规格、批次等，分别立账，它是反映在库储存物资进、出、存动态的账目。按照账目管理分工，企业的财务部门负责总账的管理，一般只分物资大类记账，并凭此进行财务核算；物资保管部门负责物资明细大类记账，并凭此进行财务核算。物资保管部门负责物资明细账目的管理，凭此进行物资进、出业务活动，明细账除有物资的品名、规格、批次之外，还要标明物资存放的具体位置、物资单价和金额等，它是物资账目管理的“总账”，是企业对账的基础，应当准确无误。

（2）立卡。立卡即填制物资的保管卡片，也称料卡。料卡是由负责该种物资保管的人填制的，是保管进行业务活动的“耳目”。料卡，是用以直接标明物资的品名、规格、单价、进出动态和结存数量的卡片。物资保管卡片的管理办法，一是由保管员集中保存管理。这种方法有利于责任制的贯彻，即专人专责管理，但是如果有进出业务而该保管员缺勤时就难以及时进行。二是将填制的料卡直接挂在物资垛位上。挂放位置要明显、牢固。这种方法的优点是便于随时与实物核对，有利于物资进、出业务的及时进行，可以提高保管人员作业活动的工作效率。

（3）建档。建档是将物资入库业务作业全过程的有关资料证件进行整理、核对，建立资料档案，为物资的保管、出库业务活动创立良好的条件。

步骤 3 仓库管理人员根据进货单等输入初始入库单

（1）单击办公模式→库存管理→入库单维护→新建入库单，进入“新建入库单”窗口，如图 1－48、图 1－49 所示。

（2）查询入库物资资料是否存在，如果不存在则添加物资资料。

（3）查询供应商资料是否存在，如果不存在则添加供应商资料。

（4）仓库管理人员向质检系统查询入库物资是否合格，如果入库物资合格，质检系统返回合格消息，仓库管理人员保存入库单，形成正式的入库单。将入库的实际数量、验收人姓名、仓位等信息录入系统，修改物资库存，更新物资库存日报表。

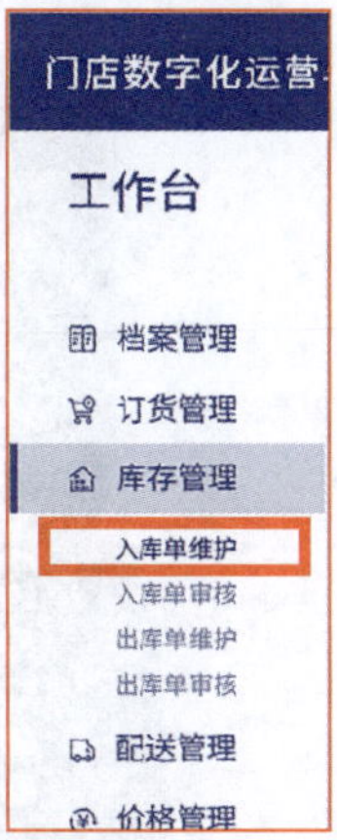

图 1－48 库存管理窗口

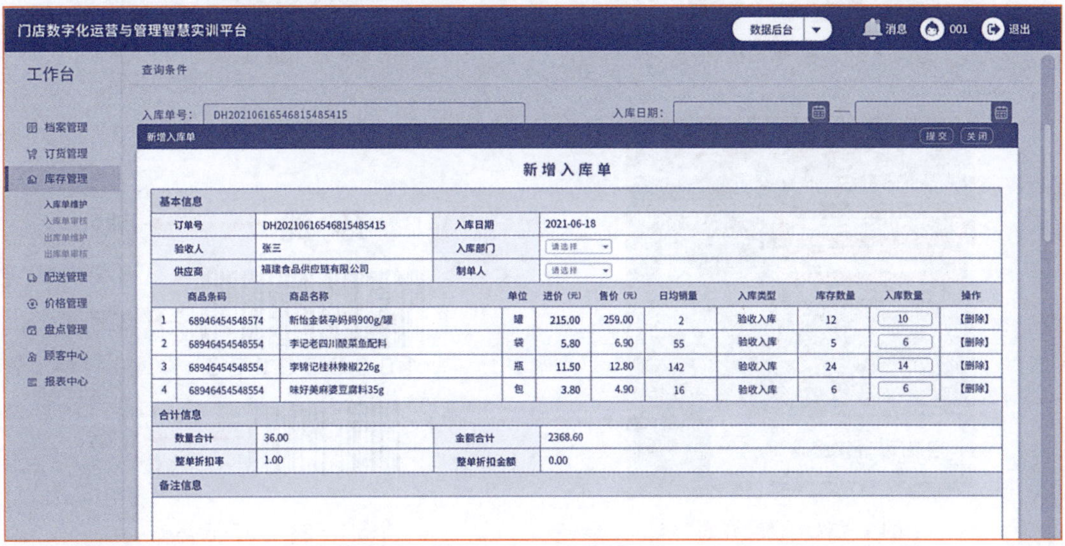

图 1－49 新建入库单

直通职场

一、入库操作

1. 准备工具

准备 RF，即手持式移动数据终端（条码扫描枪）和叉车、托盘等，如图 1－50、图 1－51 所示。

2. 系统登录

（1）进入系统登录界面，先扫描自己的用户名，接下来扫描自己的密码，如图 1－52、图 1－53 所示。

异常：如果用户名或者密码不正确，系统会提示用户名输入无效，按【ESC】键返回登录界面，如图 1－54 所示。

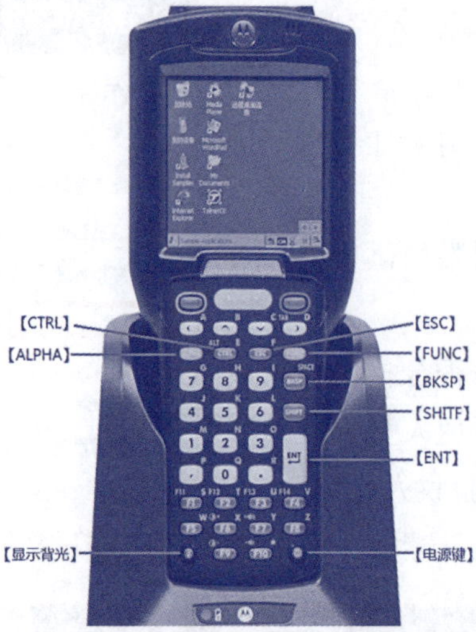

图 1-50　条码扫描枪

图 1-51　运货工具

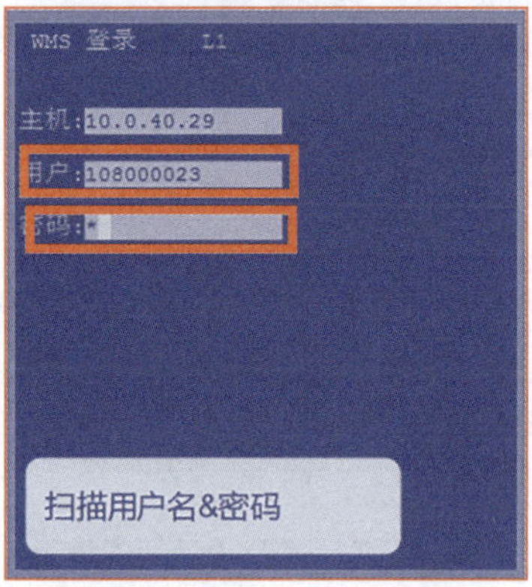

图 1-52　登录界面

图 1-53　用户信息

（2）通过授权认证后，系统进入到选择仓库的界面，如图 1-55 所示。

图 1-54　用户名或密码错误

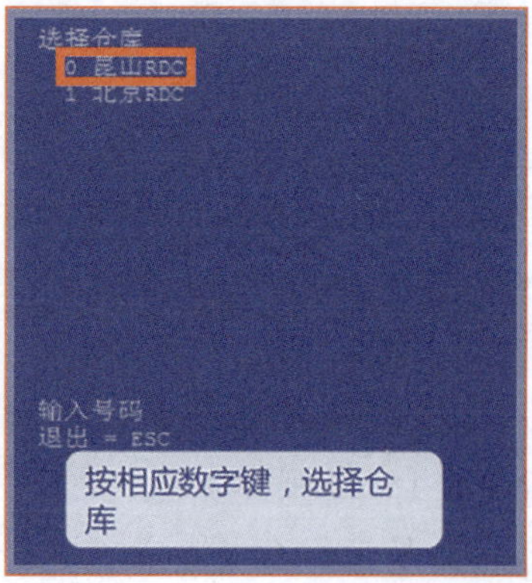

图 1-55　仓库界面

（3）输入仓库名称前边对应的数字，可以进入 WMS 主菜单的界面，如图 1－56 所示。

至此系统登录已经完毕。按菜单项可以进入相对应的操作模组。

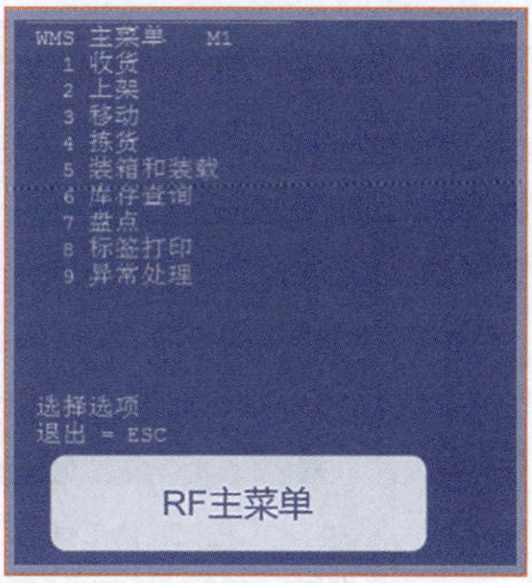

图 1－56 WMS 主菜单

3. 入库作业

收货方式分为整箱收货、有箱明细单件收货、有箱明细包件收货、无箱明细单件收货、无箱明细包件收货几种。

特别说明：以下以整箱收货为例介绍收货时的 RF 系统操作。其他收货方式的 RF 系统操作，参见相应的作业流程图。在【收货】的菜单栏里选择对应的收货方式即可进行操作。

（1）整箱收货。

①定义：整箱收货是预收货的实物有对应箱的电子装箱明细，且有规则地整箱入库，可以针对箱号进行对比收货的一种收货方式。

②作业流程，如图 1－57 所示。

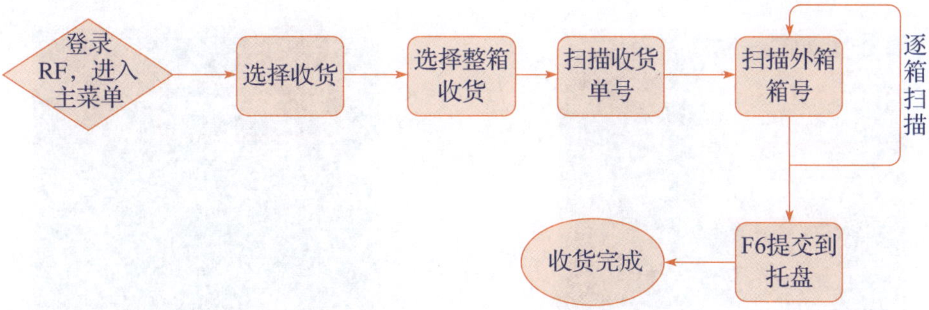

图 1－57 整箱收货作业流程

③ RF 系统操作。

通过用户登录进入主菜单，选择【1】进入收货菜单，如图 1－58 所示。

在收货菜单选择【1】，进入整箱收货界面，如图 1－59、图 1－60 所示。

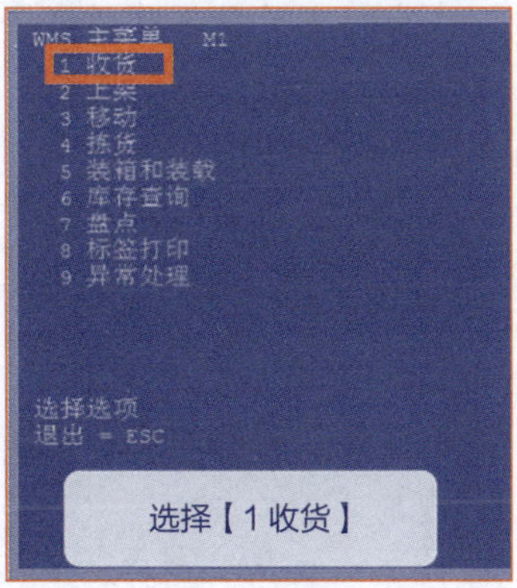

图 1－58 收货

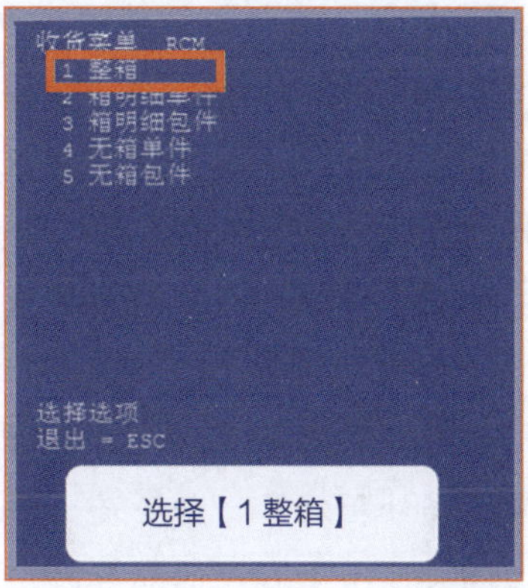

图 1－59 整箱收货界面

扫描正确的收货单号，进入如图 1－61 所示界面，扫描外箱箱号。

图 1－60　扫描收货单号

图 1－61　扫描外箱箱号

当扫描正确的外箱箱号时会进入如图 1－62 所示界面的提示，显示已收数量与未收数量，计数处显示【1（30）】代表已扫描 1 箱，这箱数量为 30 件，逐箱扫描外箱箱号，计数会累加，当扫描足够箱数装满一托盘时，按【F6】扫描托盘，如图 1－63 所示。

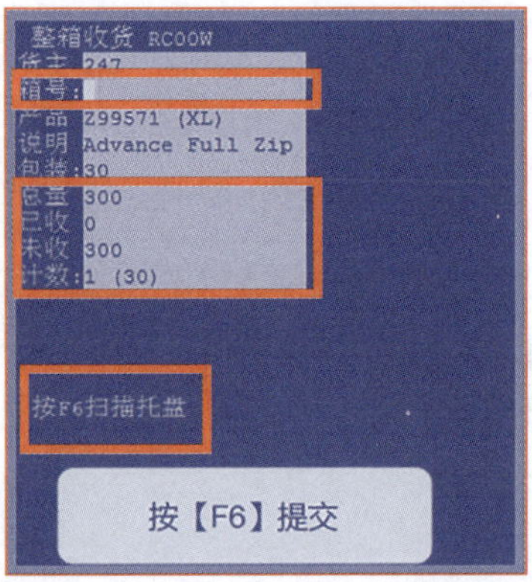

图 1－62　扫描正确后界面

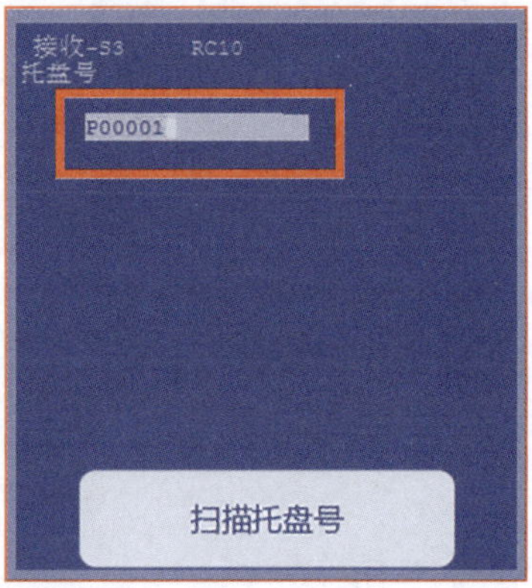

图 1－63　扫描托盘号

当扫描正确的托盘后，按【ENTER】键确认，完成收货。

确认完成后，重新扫描其他未收外箱箱号，继续收货，直至整箱收货任务全部结束，如图 1－64 所示。

④异常。

扫描收货任务号，当扫描错误的收货单号时，会出现如图 1－65 所示界面的提示，按【ESC】键返回，重新扫描收货任务号，若还是出现此种情况，请告知现场主管处理。

当扫描错误的外箱箱号时，会出现如图 1－66 所示界面的提示，按【ESC】键返回，重新扫描外箱箱号，若还是出现此种情况，请告知现场主管处理。

当扫描长度小于 6 位的箱号时，会出现如图 1－67 所示的界面，此时按【ESC】返回重新扫描正确的箱号。

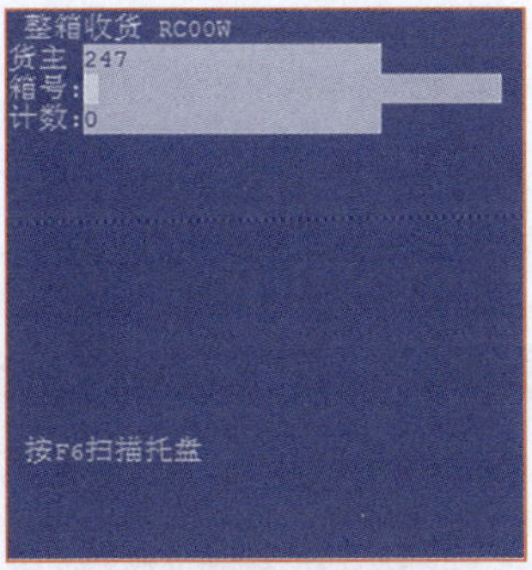

图 1－64　继续扫描

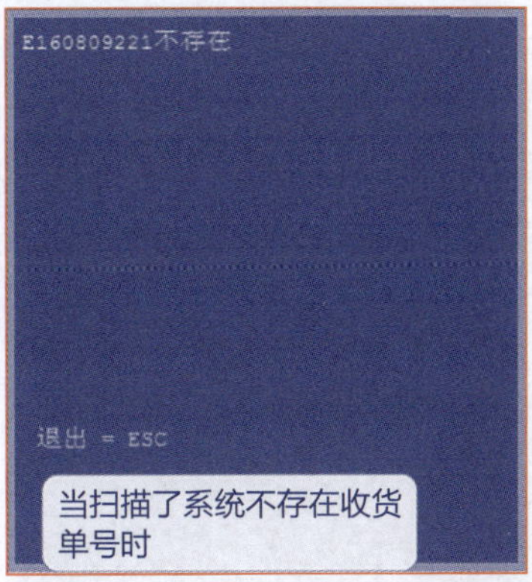

图 1－65　扫描不存在收货单号

图 1－66　扫描错误外箱箱号

图 1－67　扫描长度不足

当扫描的外箱箱号为混装货品时（一箱内装了多个 SKU），会出现如图 1－68 所示界面的提示，按【ESC】键返回，重新扫描下一箱，请告知现场主管并将此箱货品单独摆放，与未完成收货的混装货品放一起，待后续选择其他收货方式收货。

当扫描已收货品的外箱箱号时，会出现如图 1－69 所示界面的提示，按【ESC】键返回，重新扫描下一箱，并将此箱货品交给现场主管去处理。

图 1－68　扫描非整箱

图 1－69　扫描已收货箱号

当出现如图 1－70 所示的界面时，说明此箱商品未维护箱入数，请将此箱货品交给现场主管，由现场主管去处理。

当扫描错误的托盘号时，会出现如图 1－71、图 1－72 所示的界面，按【 ESC 】键返回，重新扫描正确的托盘号（托盘号必须为 P 开头的），若发现托盘号不是 P 开头的，请告知现场主管处理。

图 1－70　扫描未维护箱入数

图 1－71　扫描错误的托盘号

当扫描正确的托盘后，按【 ENTER 】键确认，完成收货，如图 1－73 所示。

图 1－72　扫描他人使用箱号

图 1－73　完成收货

确认完成后，重新扫描其他未收外箱箱号，继续收货，直至整箱收货任务全部结束，如图 1－74 所示。

（2）有箱明细单件收货。

①定义：有箱明细单件收货是预收货的实物有对应箱的电子装箱明细，可以针对箱明细进行对比，采用逐件扫描的方式进行收货的一种收货方式。

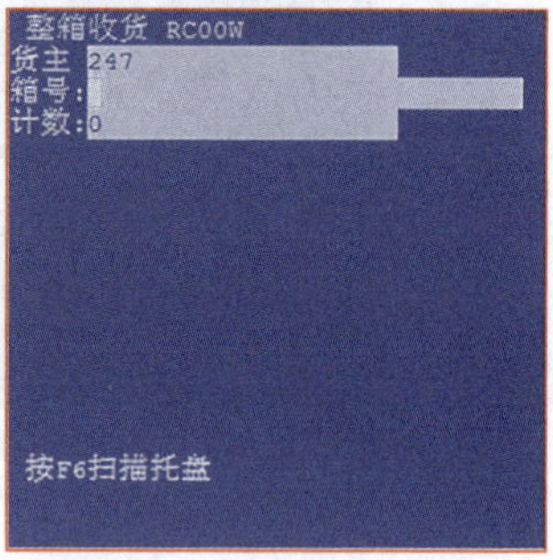

图 1－74　收货完毕

②作业流程如图 1－75 所示。

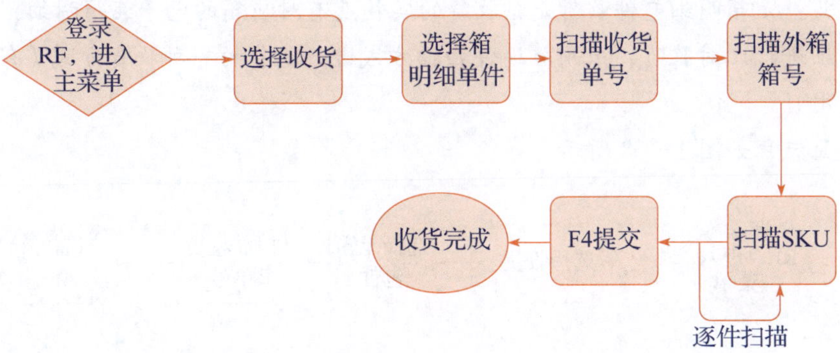

图 1－75　箱明细单件收货作业流程

（3）有箱明细包件收货。

①定义：有箱明细包件收货是预收货的实物有对应箱的电子装箱明细，可以针对箱明细进行对比，采用非逐件扫描的方式进行收货的一种收货方式（有权限的人才可以使用）。

②作业流程如图 1－76 所示。

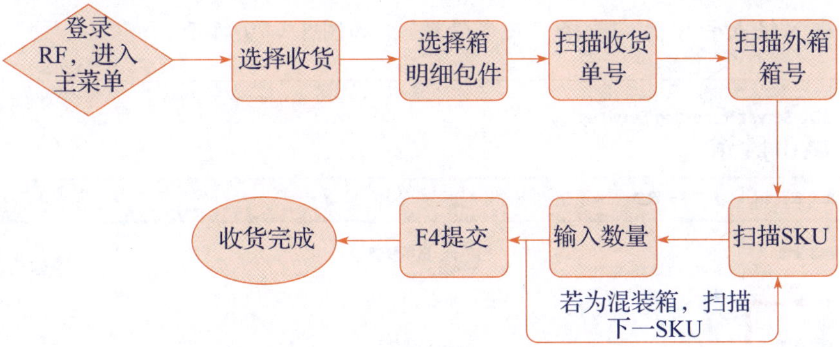

图 1－76　箱明细包件收货作业流程

（4）无箱明细单件收货。

①定义：无箱明细单件收货是预收货的实物没有对应箱的电子装箱明细，仅能针对收货总明细进行比对收货，采用逐件扫描的方式进行收货的一种收货方式。

②作业流程，如图 1－77 所示。

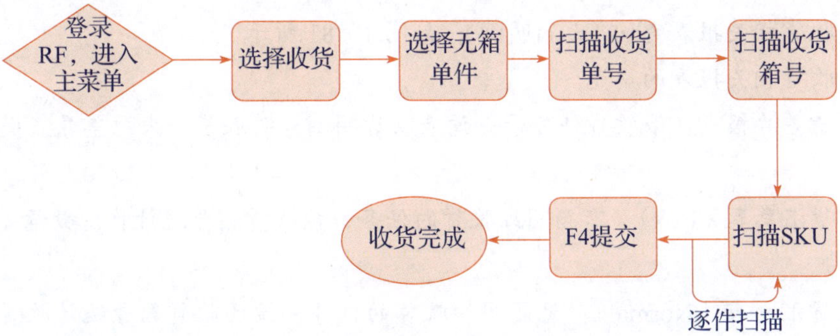

图 1－77　无箱明细单件收货作业流程

（5）无箱明细包件收货。

①定义：无箱明细包件收货是预收货的实物没有对应箱的电子装箱明细，仅能针对收货总明细进行比对收货，采用非逐件扫描方式进行收货的一种收货方式（有权限的人才可以使用）。

②作业流程如图1－78所示。

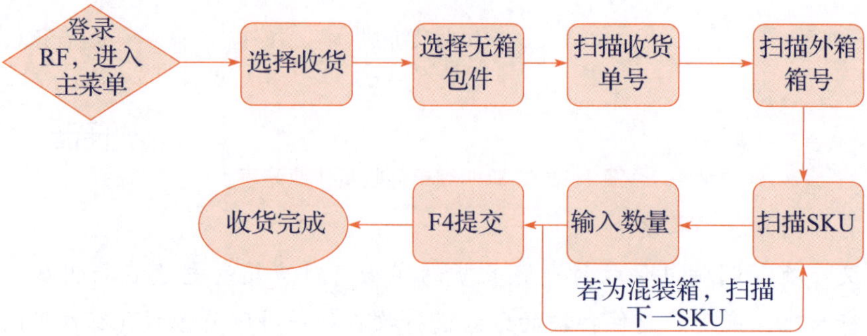

图1－78　无箱明细包件收货作业流程

4. 填制收货报表

（1）进入报表管理器，选择“入库管理”，如图1－79所示。

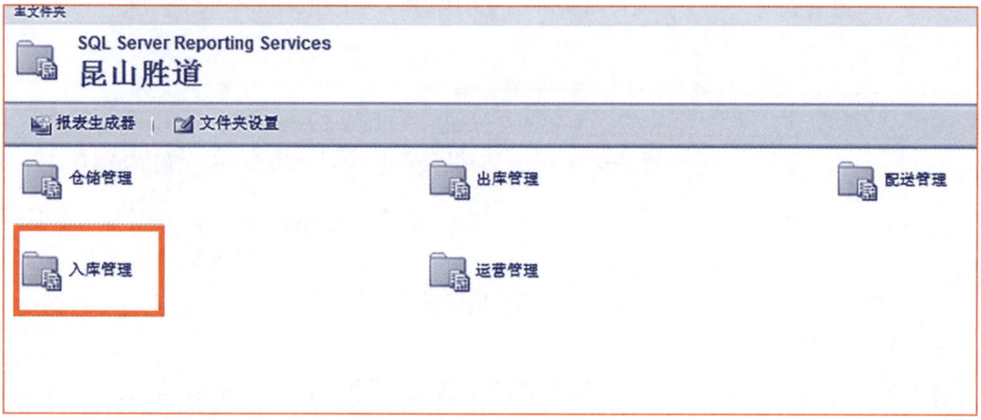

图1－79　报表管理器

（2）收货相关报表查询（有箱明细），如图1－80所示。

（3）收货相关报表查询（无箱明细），如图1－81所示。

（4）收货相关报表的用途。

①收货差异报表：依收货任务号查询未收货明细，关联货箱来源单号，提供收货差异时使用。

②收货汇总表（Box）：有箱明细收货的任务，按收货箱号统计收货数量（包含收货人用户名）。

③收货汇总表（Normal）：无箱明细收货的任务，按已收货箱号统计收货数量（包含收货人用户名）。

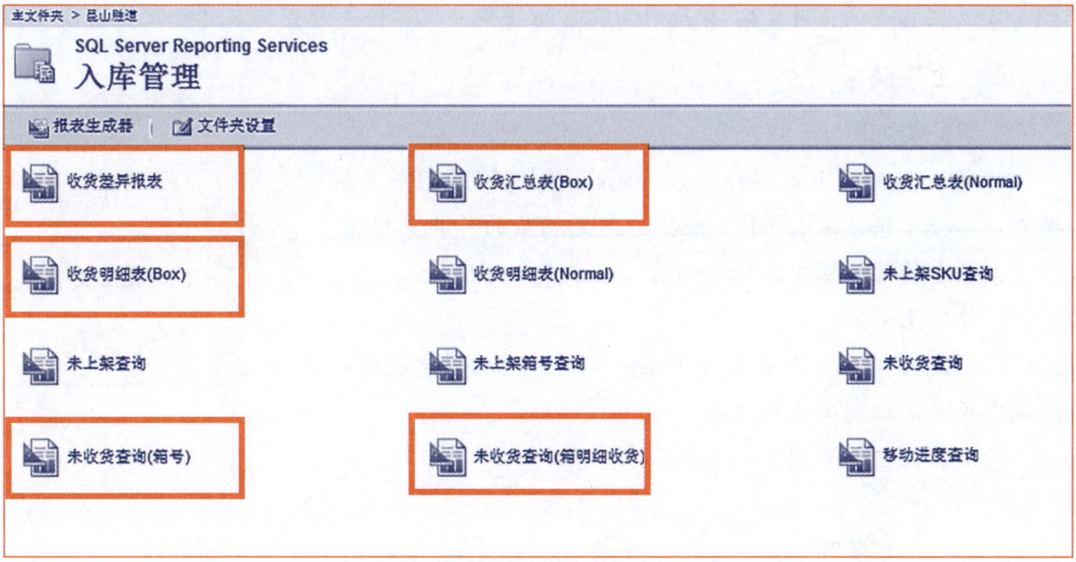

图 1－80　有箱明细

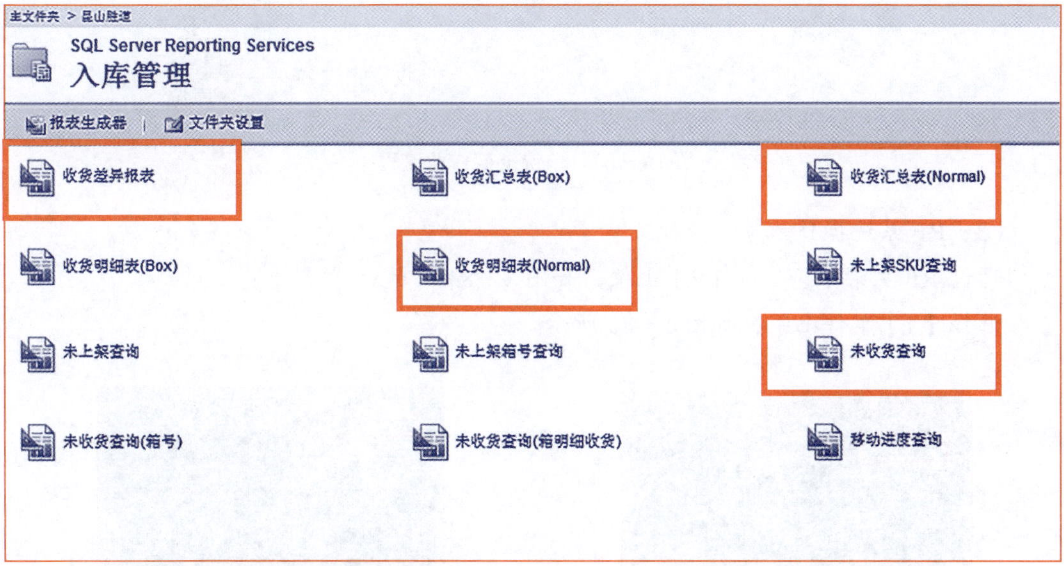

图 1－81　无箱明细

④收货明细表（Box）：有箱明细收货的任务，按收货箱号统计收货明细（包含收货人用户名）。

⑤收货明细表（Normal）：无箱明细收货的任务，按已收货箱号统计收货明细（包含收货人用户名）。

⑥未收货查询：依收货任务号查询未收货明细，提供收货差异（未包括箱号）。

⑦未收货查询（箱明细收货）：有箱明细收货的任务依收货单号查询未收货的明细（包括箱号）。

⑧未收货查询（箱号）：有箱明细收货的任务依收货任务号查询未进行收货的箱号。

二、上架操作

上架分类如图 1－82 所示。

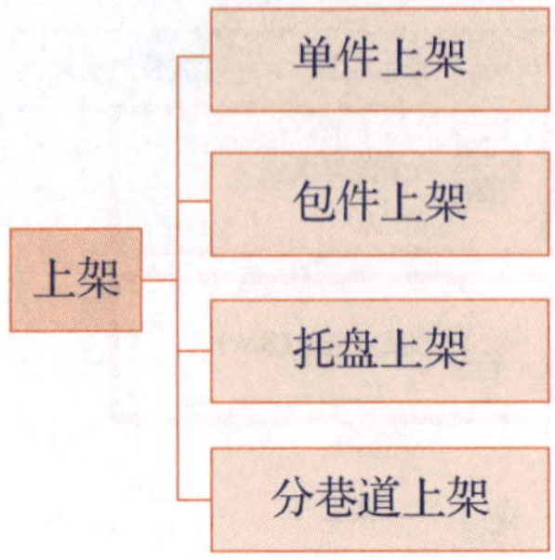

图 1－82　上架分类图

特别说明：以下以单件上架为例介绍上架时的 RF 系统操作。其他上架方式的 RF 系统操作参见相应的作业流程图，在【上架】的菜单栏中选择对应的上架方式即可操作。

1. 单件上架

（1）定义：单件上架是将商品一件一件地从收货的暂放区域摆放并定位到库位的过程。

（2）作业流程如图 1－83 所示。

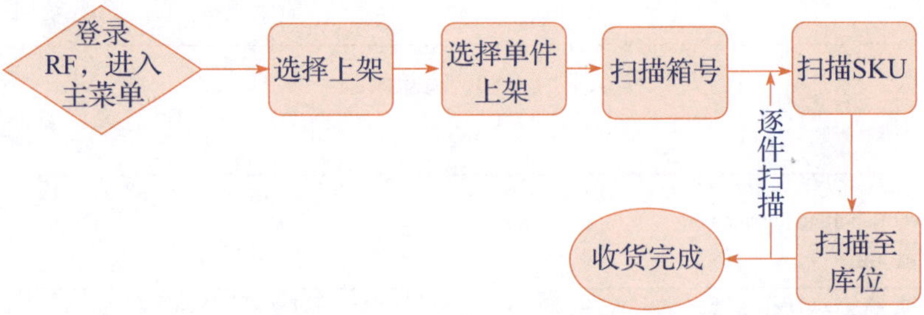

图 1－83　单价上架作业流程

（3）RF 系统操作。

通过 RF 主菜单，选择【2】上架，如图 1－84 所示。

选择【1】单件上架，如图 1－85 所示。

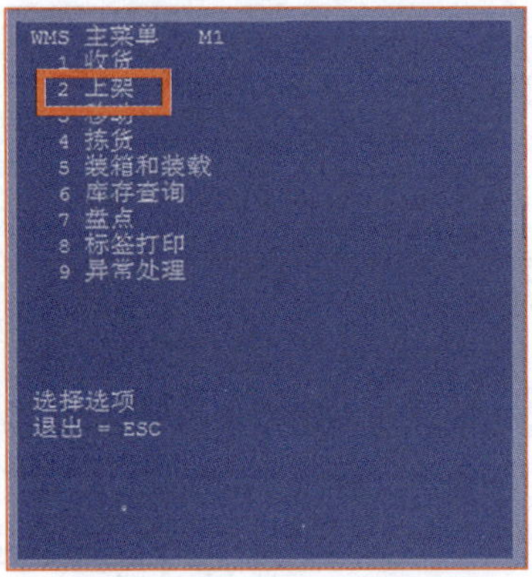

图 1－84　选择上架

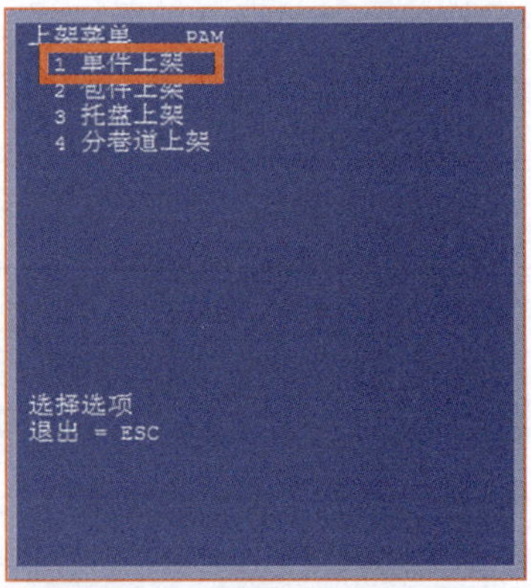

图 1－85　选择单件上架

扫描箱号（贴在外箱上的箱号条码），如图 1－86 所示。

当扫描错误的箱号时，会出现如图 1－87 所示的界面，此时按【ESC】返回，重新扫描此箱号，若还是出现此情况，请交给现场主管处理。

图 1－86　扫描箱号

图 1－87　箱号错误

当扫描正确的箱号后进入如图 1－88、图 1－89 所示的界面，扫描商品条码。

图 1－88　扫描正确进入界面

图 1－89　显示正确箱号

当扫描错误的商品条码时（或扫描已上架完成的货品），会出现如图 1－90 所示的界面，此时按【ESC】返回，重新扫描此箱号，若还是出现此情况，请交给现场主管处理。

当扫描正确商品条码，会显示要上架的至库位，找到这个库位，先把货品放入库位，然后再扫描库位条码，如图 1－91、图 1－92 所示。

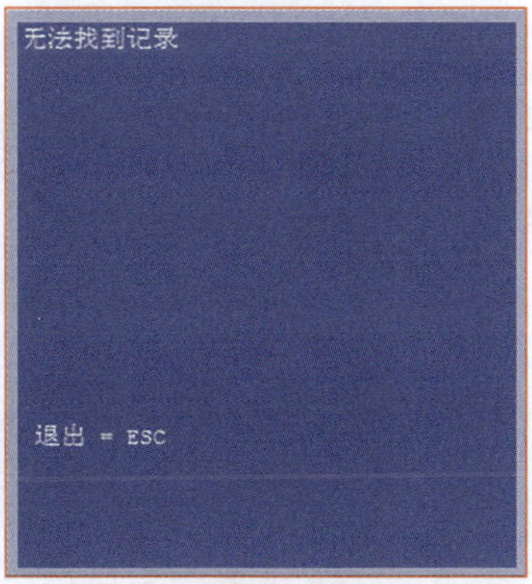

图 1－90　扫描错误商品条码

图 1－91　单品扫码后界面

核对库位是否正确，并扫描库位条码，如图 1－93 所示。

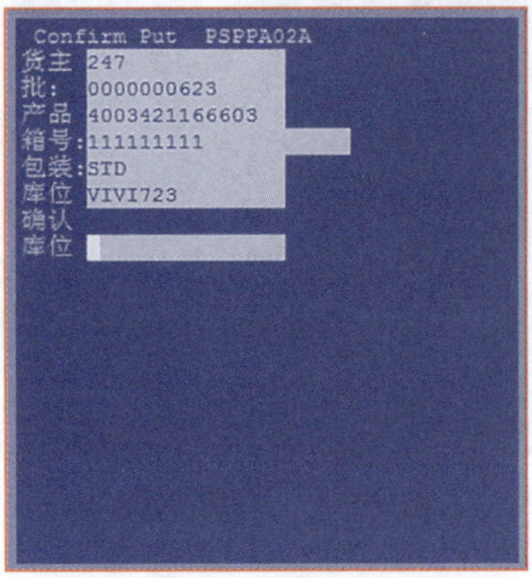

图 1－92　正确商品条码

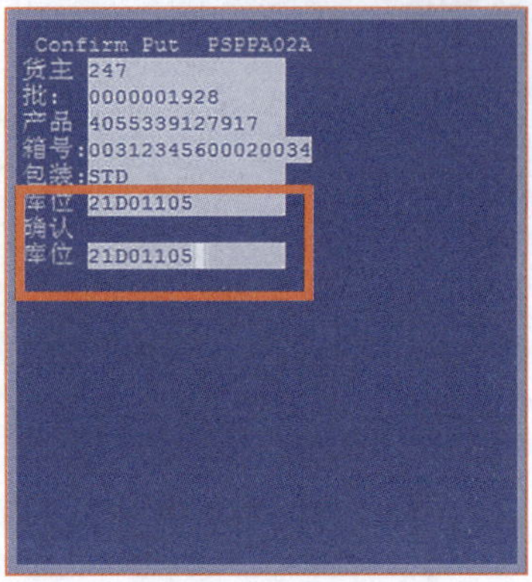

图 1－93　核对库位

当扫描错误的条码时（系统不存在此库位），会出现如图 1－94 所示的界面，此时按【 ESC 】返回，重新扫描此库位条码，若还是出现此情况，请告知现场主管处理。

当一件商品上架成功后，扫描下一件商品，直至此箱商品上完，如图 1－95 所示。

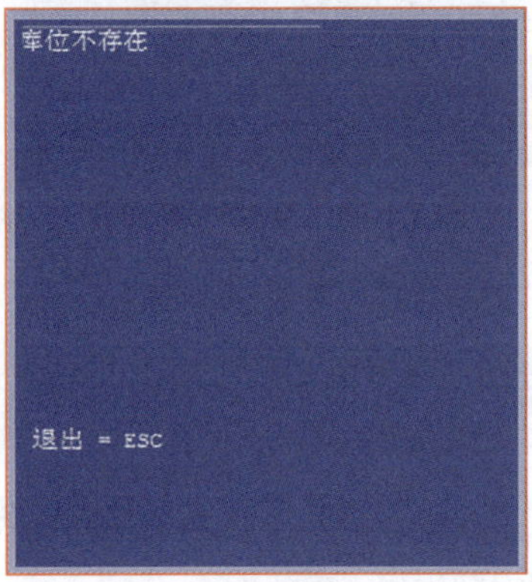

图 1－94　扫描库位不存在

图 1－95　商品扫描完毕

当此箱货品上完之后，按【 ESC 】返回，重新扫描另外一箱箱号，继续上架，如图 1－96 所示。

图 1－96　继续扫描箱号

2. 包件上架

（1）定义：包件上架是将商品按一定的数量从收货的暂放区域摆放并定位到库位的过程（有权限的人才可以使用）。

（2）作业流程如图 1－97 所示。

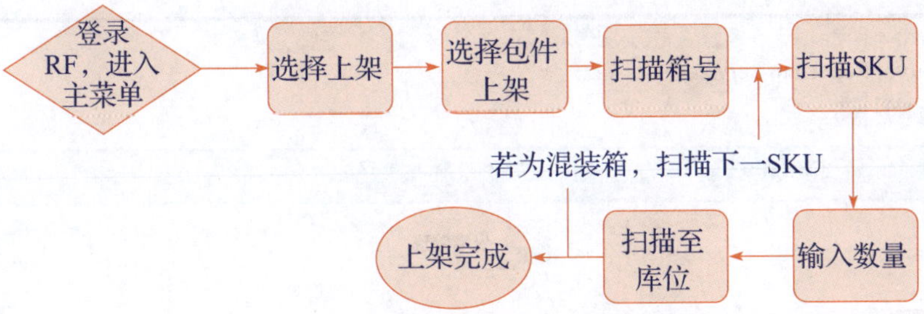

图 1－97　包件上架作业流程

3. 托盘上架

（1）定义：托盘上架是将商品以托盘的方式从收货的暂放区域摆放并定位到库位的过程。

（2）作业流程如图 1－98 所示。

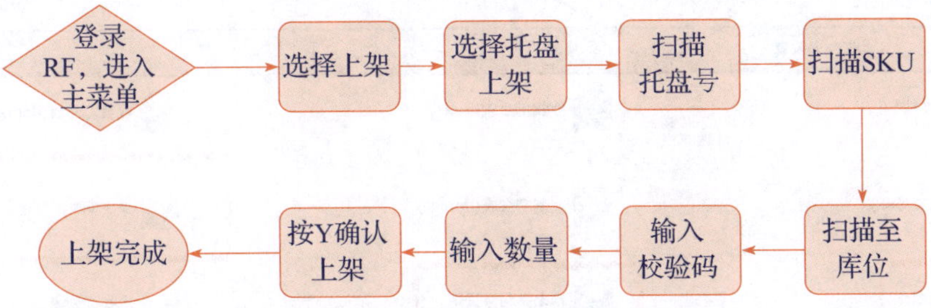

图 1－98　托盘上架作业流程

4. 分巷道上架

（1）定义：分巷道上架是当一箱货品 SKU 比较多的时候，采用的一种上架前按 SKU 整理货品的方式。

（2）作业流程如图 1－99 所示。

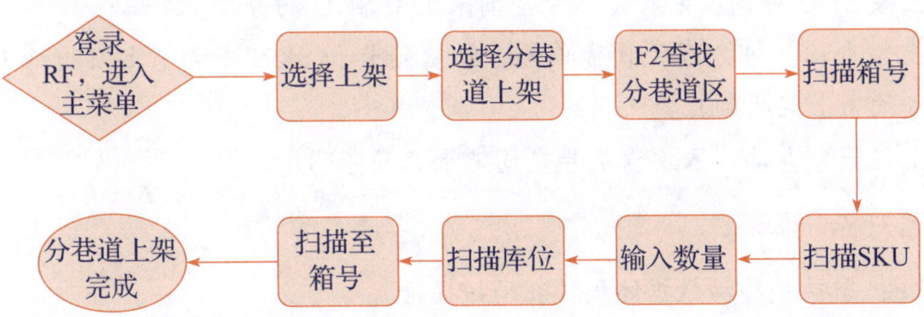

图 1－99　分巷道上架作业流程

5. 上架报表关联

（1）进入报表管理器，选择“入库管理”，如图 1－100 所示。

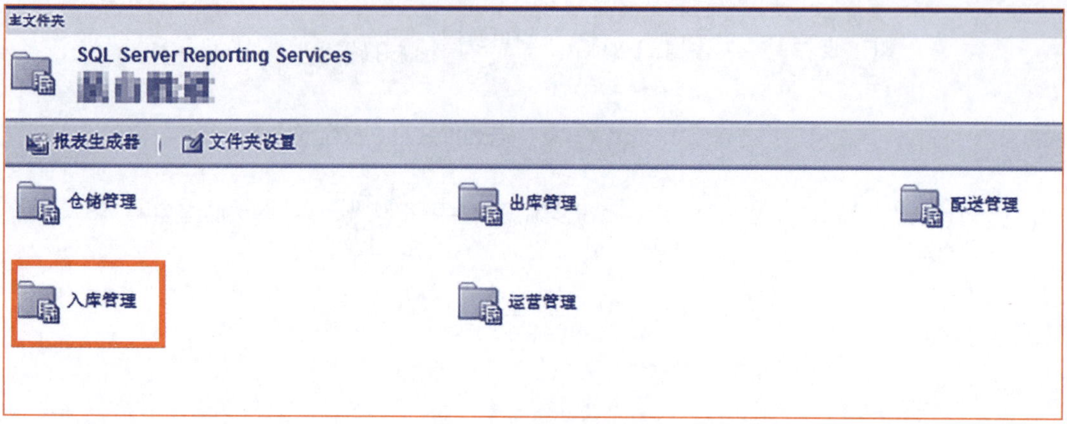

图 1－100　报表管理器

（2）上架相关报表查询，如图 1－101 所示。

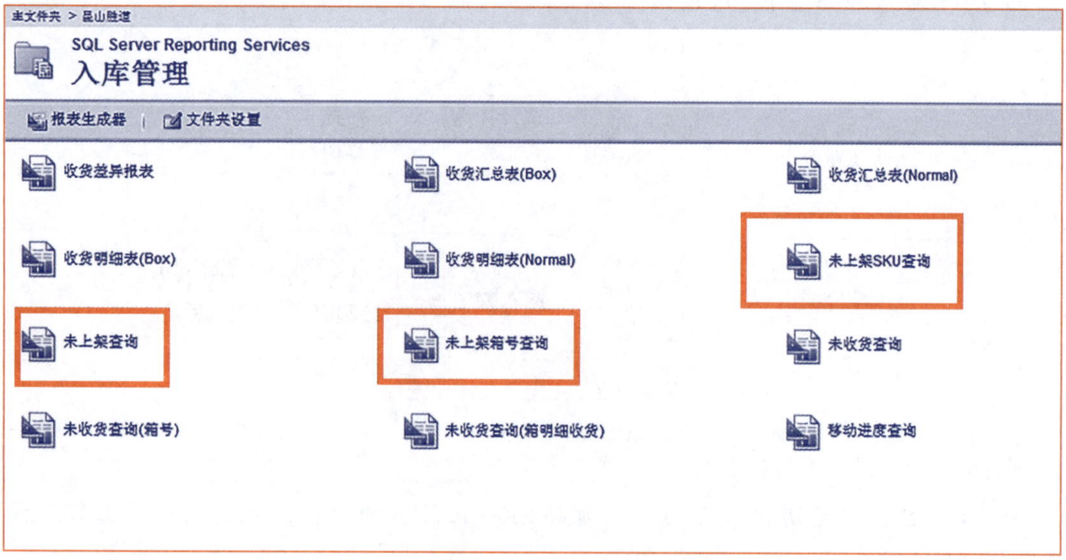

图 1－101　查询报表

（3）上架相关报表的用途。

①未上架 SKU 查询：依收货箱号查询未上架 SKU 的查询。

②未上架查询：可分别依收货单号、收货箱号和 SKU 查询未上架明细（适用于分巷道上架查询未上架明细）。

③未上架箱号查询：依收货单号查询未上架箱号明细。

三、相关名词解释

（1）RF：手持式移动数据终端（条码扫描枪）。

（2）SKU：商品的商品条码，为系统的最小存货单位，如一种鞋子对应一个唯一的条码，如图 1－102、图 1－103、图 1－104 所示。

图 1－102　鞋子 SKU 示意图

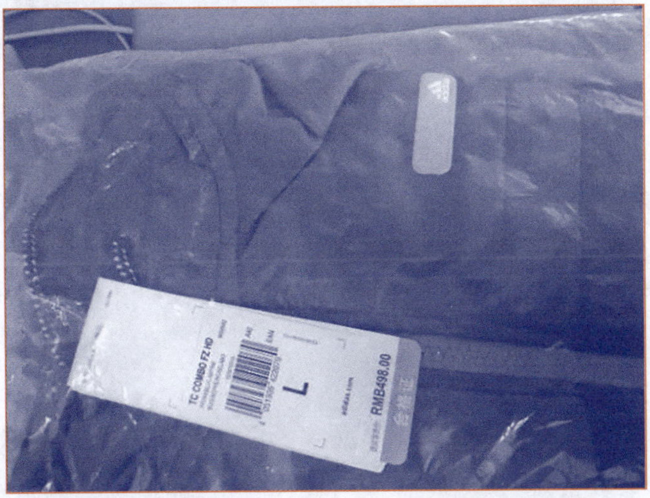

图 1－103　服装 SKU 示意图

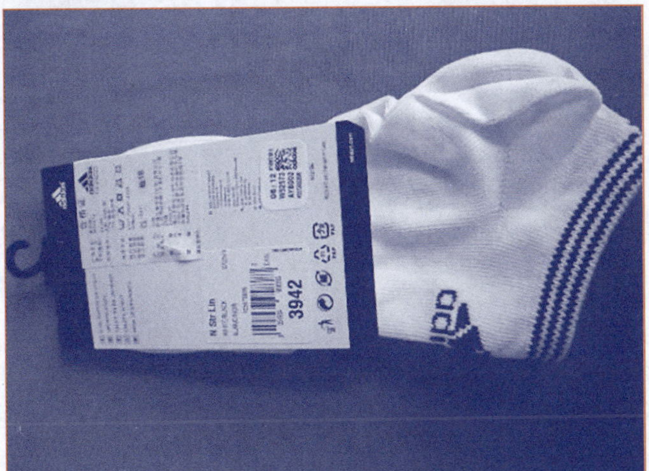

图 1－104　袜子 SKU 示意图

（3）箱号：商品存放容器代码，最常见贴于纸箱右下角（分为收货箱号、出货箱号、周转箱号），如图 1－105 所示。

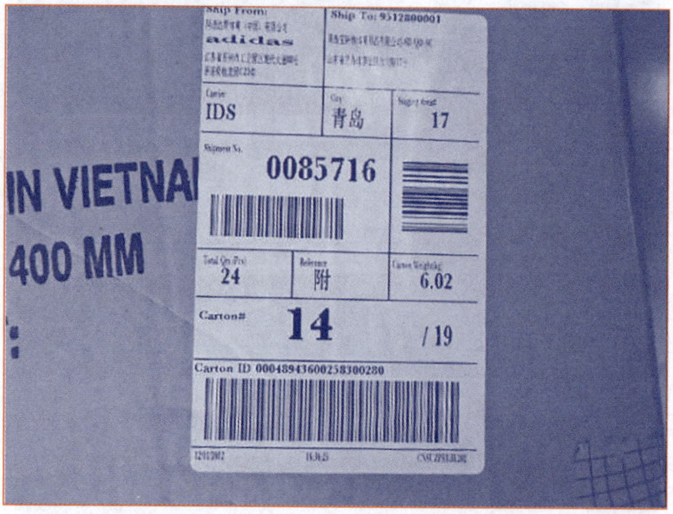

图 1－105　品牌公司到货箱号示意图（外箱箱号）

（4）托盘号：货品存放容器 4 的代码，必须以 P 开头（如 PH00000001）。

（5）用户名和密码：登入系统的凭证，贴于员工工作牌上，如图 1－53 所示。

（6）周转箱：临时存放货品的容器，如图 1－106 所示。

（7）托盘：又称栈板临时存放（堆叠）箱号的容器，如图 1－107 所示。

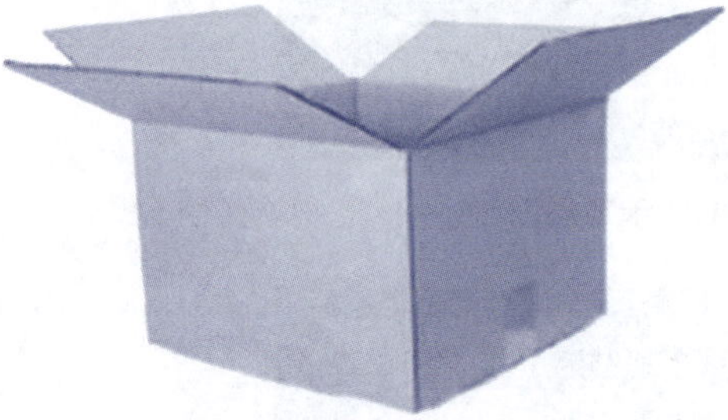

图 1－106　周转箱

图 1－107　托盘

（8）箱入数：每箱有多少件货品（QTY/CTN）。

（9）任务号：现场作业人员的进出货指令，在 WMS 管理中通常使用条码呈现，如图 1－108 所示。

箱明细收货　　数量：85
PO：　000269315　　1501080003

图 1－108　任务号

（10）库位：放置货物的具体位置。

（11）库位编码：

①仓别别（1 码）：A ～ Z；

②楼层别（1 码）：1 ～ 9；

③片区别（1 码）：A ～ Z；

④货架序（2 码）：01 ～ 99；

⑤层别序（1 码）：1 ～ 9；

⑥格位序（2 码）：01 ～ 99。

例：A1A01101 表示 A 仓 1 楼层 A 区 01 排货架第 1 层 01 格，如图 1－109 所示。

A1A01101

图 1－109 库位编码示例

（12）STAGE：WMS 为收货单据已收商品未上架前设定的暂存库位，物理位置可以理解为留仓货品收货的暂放区域。

（13）XDSTAGE：WMS 为收货单据已收、商品未分播前设定的暂存库位，物理位置可以理解为要分播货品收货的暂放区域。

任务思考

企业通常对在库的滞销商品策划促销活动，如何提供下列数据：

1. 商品入库后查询某个商品的库存实际数量。

2. 某个批次的所有商品的库存状况。

子任务 2　出库管理

任务目标

1. 掌握出库操作。
2. 掌握出库商品的查询。

任务描述

门店要求从库房调货，需要为商品办理出库交接手续，并及时完成出库商品的核销工作。

任务分析

物资出库业务作业管理是库房根据出库凭证，将所需物资发放给需用单位所进行的各项业务管理。物资出库作业的开始，标志着物资保管养护业务的结束。物资出库作业管理有两方面的工作：一是用料单位凭领料单、提货单、调拨单等规定的领料凭证领取物资，并且所领物资的品种、规格型号、数量等项目及提取货物的方式等必须书写清楚、准确。二是仓库方面，必须核查领料凭证的正误，按所列物资的品种、规格、型号、数量等项目组织备料，并保证把物资及时、准确、完好地发放出去。物资出库的作业流程如图 1－110 所示。

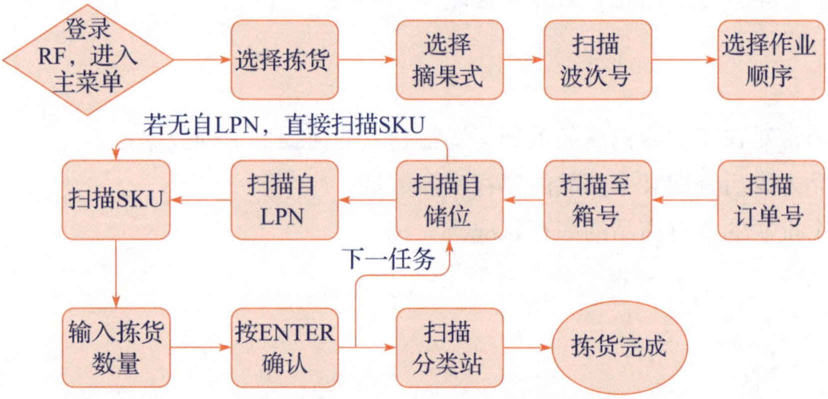

图 1－110　物资出库作业流程

任务操作

物资出库的操作步骤和关键节点如下。

步骤1 出库前的准备工作

物资出库前的准备工作分为两方面：一方面是计划工作，就是根据需货方提出的出库计划或要求，事先做好物资出库的安排，包括货场货位、机械搬运设备、工具和作业人员等的计划组织；另一方面做好出库物资的包装和涂写标志工作。

1. 货品的准备

物资经多次装卸、堆码、翻仓和拆检，会使部分包装受损，不符合运输的要求。因此，库管员必须视情况事先进行整理、加固或改换包装。

2. 包装材料、工具、用品的准备

对于需要装箱、拼箱或改装的物资，库管员应根据物资性质和运输要求，准备各种包装材料、相应的衬垫物，以及包装标志所需的用具、标签、颜料和钉箱、打包等工具。

3. 待运物资的仓容及装卸工具的安排调配

物资出库前，应留出必要的理货场地，并准备必要的装卸搬运设备，以方便运输人员的提货运货装箱送箱，加快发送速度。

4. 出库作业的合理组织

由于出库作业是一项涉及人员多，处理时间紧、琐碎复杂、工作量大的工作，库房应事先对出库作业合理地加以组织、安排、协调好作业人员和机械，保证各个环节的紧密衔接。

5. 出库凭证的准备

（1）物资的出库，一律凭带有财务签字和相关运营部门签字的出库通知单。

（2）根据出库通知单录入U8系统编制领（送）料单，打印一式三联，财务、运营、库房各留一联保存，如表1－11所示。

表1－11 领（送）料单

用料单位：　　　编号：　　　项目或用途：　　　领料日期：

物资编号	品名规格单位	数量		单价	金额
		分配	实发		

主管：　　　财务：　　　保管：

步骤2 出库管理

1. 核对出库凭证

（1）物资出库必须有正式的出库通知单。此凭证均应有相关运营部门主管人员、财务部的签字。

（2）出库管理人员接到出库通知单后，要认真核对物资的品名、规格型号、数量有无差错和涂改，有关部门的签字是否齐全。

（3）审核无误后，出库管理人员按照出库通知单所列的物资的品名、规格型号、数量与仓库账目，再进行全面核对。复核料卡无误后，即可做物资出库的准备工作，包括准备随货出库的物资技术证件、合格证、使用说明书、质量检验证书等。

2. 出库检测

根据出库通知单所列货物，库管员将所有货物找到后，交由检测员进行出库检测，检测合格后方可出库，不合格产品应及时进行调换，保证出库产品符合出库标准。

3. 备货

出库通知单经复核无误后，出库管理人员按其所列的项目内容和通知单上的批注，与编号货位进行核对，核实后核销“物资明细卡”上的存量，按规定的批次备货。

（1）销卡：在物资出库时，应先销卡后付货。

（2）理单：根据物资的货位，按出库通知单的编号顺序排列，以便迅速找对货位，及时出库。

（3）核对：按照货位找到相应的物资后，出库管理人员要“以表对卡，以卡对货”，进行单、卡、货的核对。

（4）点数：出库管理人员要仔细点清物资出库的数量，以防止出现差错。

（5）记录系列号：将机器系列号分别记录在出库通知单上，方便以后查询。

4. 理货

（1）核对。出库管理人员根据出库通知单所列的货物明细逐项对规格型号、数量进行再次核对，以保证物资出库的准确性。

（2）置唛。为方便收货方的收转，理货员必须在应发物资的外包装上注明收货方的姓名、地址等。置唛应在物资外包装的两侧，字迹应清楚，不错不漏；复用旧包装的置唛，必须消除原有标志；如粘贴标签，必须粘贴牢固，便于领料员的收转，如表 1－12 所示。

表 1－12　出库复核内容一览表

复核项目	操作说明	具体检查项目
复核出库单据	主要审查货物出库凭证有无伪造编造，是否合乎规定手续，以及各项目填写是否齐全	凭证有无涂改、过期
		凭证中各栏项目填写是否正确、完整等
		凭证中的字迹是否清楚
		签字是否正确、真实、齐全
复核实物	根据货物出库凭证上所列项目对配备待发货物进行核对	核对货物的品种、规格型号、数量是否与凭证相符
		核对货物的包装是否完好，外观质量是否合格
复核账、货结存情况	对配货时取货的货垛及货架上的货物的结存数进行核对	检查货物的数量、规格型号等与出库凭证上标明的账面结存数是否相符
		核对货物的货位、货卡有无问题，以便做到账、货、卡相符

5. 交接清点

（1）出库物资复核无误后，再将物资交接给物流公司，办理物流交接手续。

（2）物流提取货物时，出库管理人员、物流人员要亲自在现场监督装载全过程。实际装车件数，必须共同点交清楚。

6. 出库后清理工作

经点交清楚的物资发运后，该物资出库工作即告结束，出库管理人员应做好清理工作，及时核销物资明细卡，调整货位上的吊牌，以保持物资的账、卡、物一致，准确地反映物资进出、存取的动态，如表 1－13 所示。

特别注意事项：

（1）物资出库，必须按出库通知单、物资借用单、临时借用单办理，不得用白条出库。

（2）物资出库时，必须经复核员复核，根据出库通知单仔细检验物资的品名、规格型号、数量是否清楚，发现问题及时与有关部门联系，妥善解决。

（3）验单合格后，应进行销账再出库。

（4）出库前必须进行出库检验，保证出库物资符合出库要求。

（5）有合同号的物资必须与出库通知单销售合同号相符。

（6）在下列情况下，出库管理人员可以拒付物资：

①白条出库，任何人开的白条都不能视作物资出库凭证。

②物资出库凭证字迹不清，规格型号不符或涂改。

③出库通知单上的相关部门签字不齐全。

表 1－13　物料出库管理流程说明

节点控制	物料出库管理相关说明
①	销售人员对顾客发送的订货单进行审核，审核通过后，签发《发货通知单》，并将发货通知单交给出库主管
②	出库主管收到发货通知单后，审核发货通知单的填写是否符合标准、发货手续是否齐全等，然后签发出库单；出库专员根据出库单，核对货物的品名、规格型号等是否与现有货物相符等
③	出库专员审核出库单，无误后按照出库单检测出库货物、备货，主要工作包括理单、销卡、核对、点数、批注标识等
④	为避免备货出错，出库专员应按照公司制度对已经备好等待装运的货物进行复核，复核的内容主要有货物的品名、规格型号
⑤	复核无误后，出库专员将货按照装运的需求进行包装，并且在包装的显眼处添加标识，标明货物的品名、规格型号、数量和收货人信息等
⑥	出库专员按照公司的相关规定对出库货物进行登账
⑦	出库专员和提货人再次对物料进行复核，复核无误后，办理相应的货物交接手续
⑧	发货完成后，出库专员对货物堆放的现场进行清理，并且对在库的相同货物进行清点，检查账、单、卡是否一致，若不一致必须立刻着手查清原因

步骤 3　销账存档

物资点交清楚，出库发运之后，该物资的仓库保管业务即告结束，物资仓库保管人员应做好清理工作，及时注销账目料卡，调整货位上的吊牌，以保持物资的账、卡、物一致，将已空出的货位标注在货位图上，及时准确地反映物资的进出、存取的动态。

录入系统：单击办公模式→库存管理→出库单维护→新建销售出库单 / 新建其他出库单，进入“新建销售入库单”/“新建其他出库单”窗口：录入出库商品信息，如图 1－111 所示。录入后新的库存会自动生成。

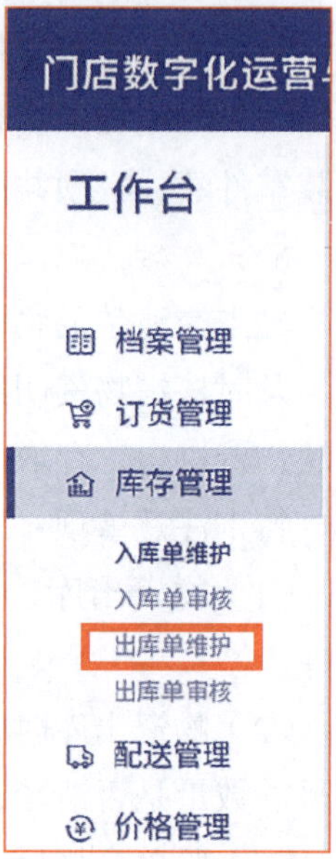

图 1－111　新建销售出库单

直通职场

一、RF 拣货操作步骤

登录 RF 后（登录步骤参见入库登录相关内容），进入 RF 主菜单，选择【4 拣货】，如图 1－112 所示。

共有 5 种拣货方式，以下以摘果式拣货方式为例介绍拣货时 RF 系统操作。

1. 摘果式拣货

（1）定义：指在物流中心货品存储区域，按某一订单依次拣出每一个 SKU，直至将全部商品拣完。然后，再进行下一个出货订单的拣货。

（2）作业流程。

选择【1 摘果式】拣货，如图 1－113 所示。

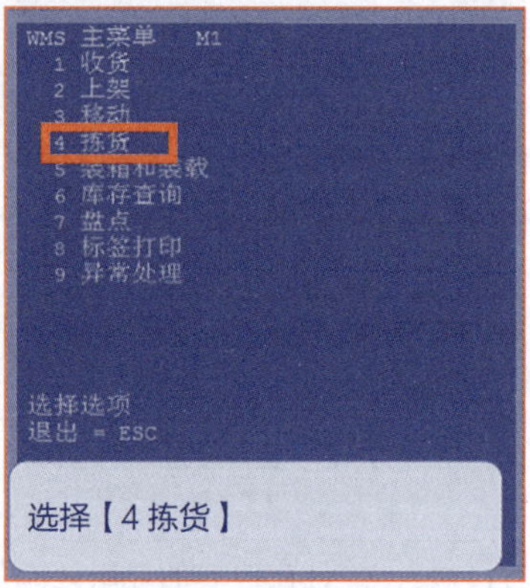

图 1－112　拣货

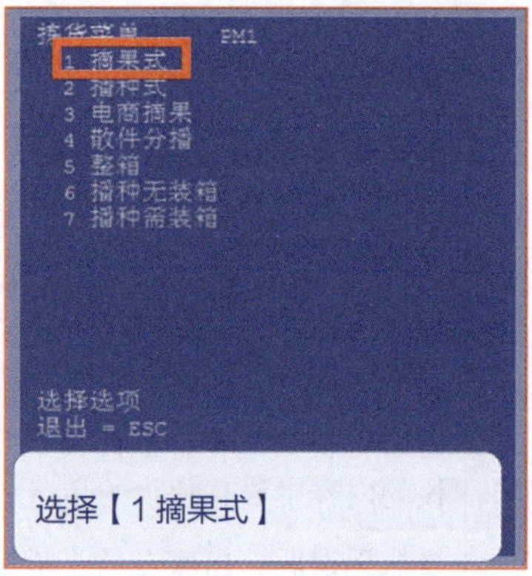

图 1－113　摘果式

依次扫描波次号，可选择拣货方向（不选时系统默认为【1 摘果式】），如多人操作拣货，可输入选择的货架排（A、按现有库位编码取前几位；B、当输入限定的货架排任务拣完时，提示无作业任务），如图 1－114 所示。

当扫描错误的波次号时，会出现如图 1－115 所示界面，此时按【 ESC 】返回，重新扫描波次号，若还出现此情况，请告知现场主管处理。

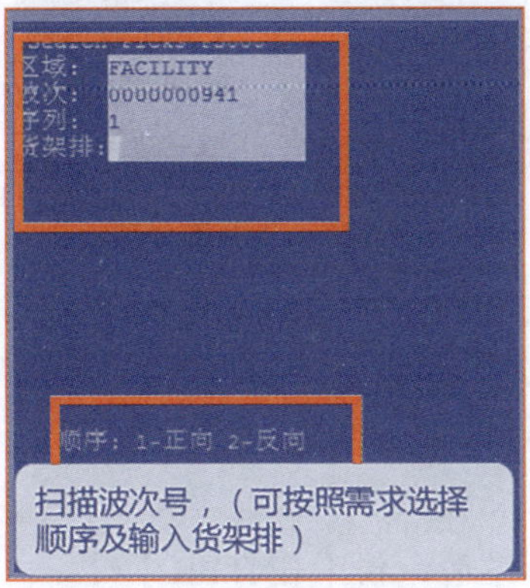

图 1－114　扫描波次号

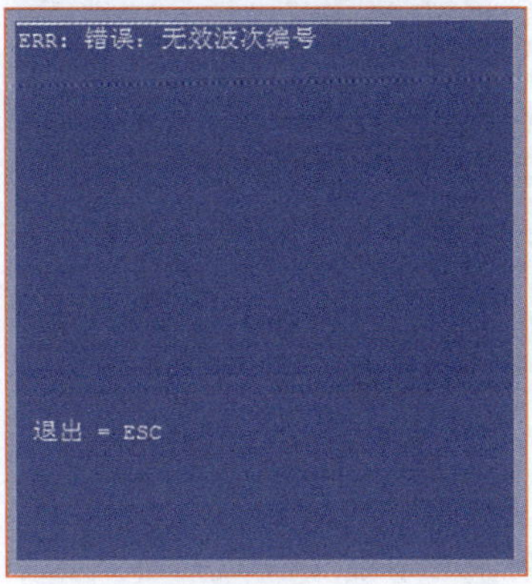

图 1－115　扫描错误波次号

扫描出货订单号，如图 1－116 所示。

当扫描错误的订单号时，会出现如图 1－117 所示界面，此时按【 ESC 】返回，重新扫描波次号，若还出现此情况，请告知现场主管处理。

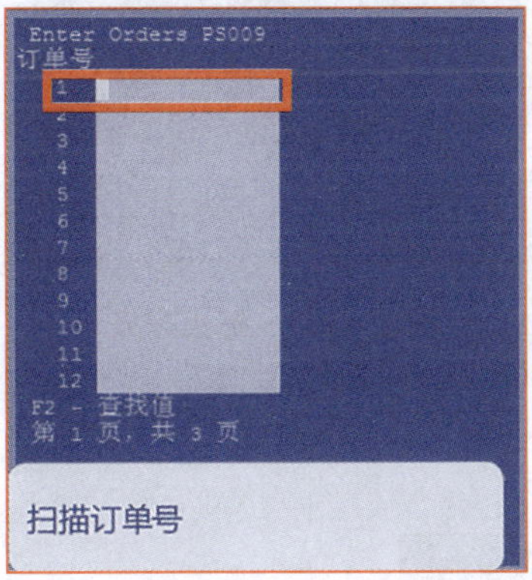

图 1－116　扫描订单号

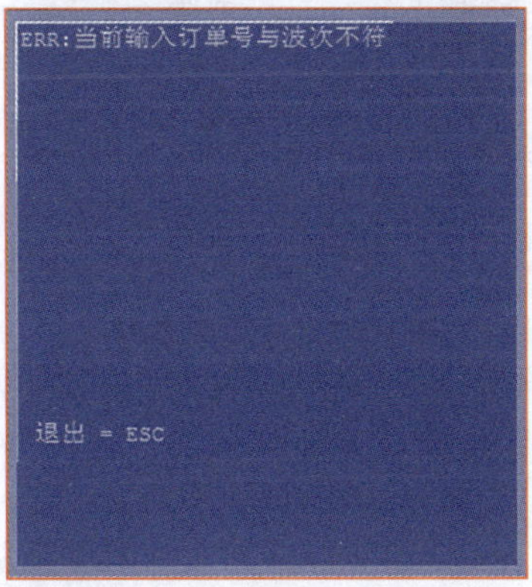

图 1－117　扫描错误的订单号

若扫描正确的波次号和订单号后出现如图 1－118 所示界面，保持此界面，并告知现场主管处理。

拣货时遇到有自 LPN 时，出现如图 1－119 所示界面（自动显示当前拣货任务的信息），依次扫描至箱号（周转箱号），自库位、自 LPN、产品并输入需求拣货数量，按【 ENTER 】确认，完成当前任务拣货，跳至下一任务（F2 可以取消当前作业任务，F4 可以将已拣的任务提交到分类库位）。

拣货时遇到无自 LPN 时，出现如图 1－120 所示界面（自动显示当前拣货任务的信息），依次扫描至箱号（周转箱号），自库位、产品并输入拣货数量，按【 ENTER 】确认，完成当前任务拣货，跳至下一任务。

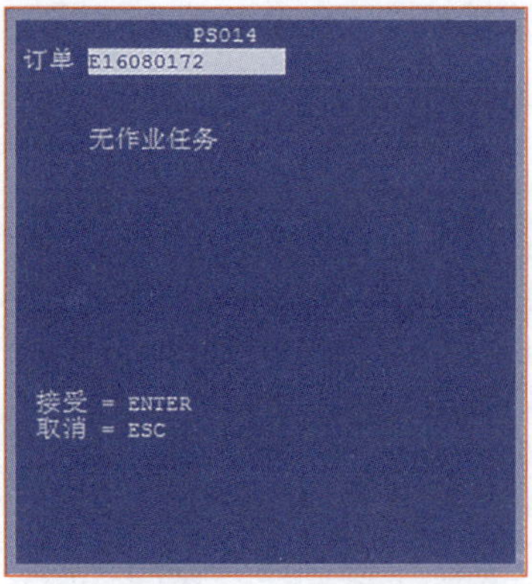

图 1－118　扫描正确

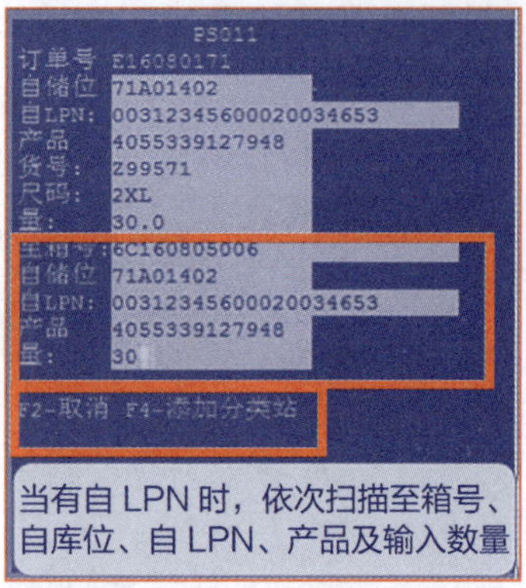

图 1－119　有自 LPN

当所有任务拣货完成后会跳出如图 1－121 所示界面，按【ENTER】键。

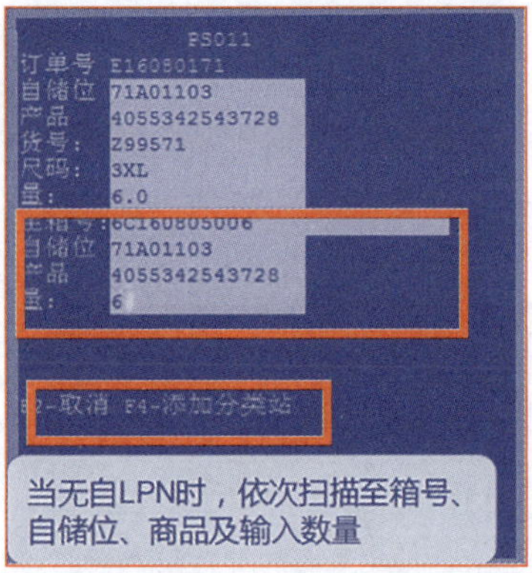

图 1－120　无自 LPN

图 1－121　拣货完成

将货品放在分类库位上，扫描分类库位条码，如图 1－122 所示。

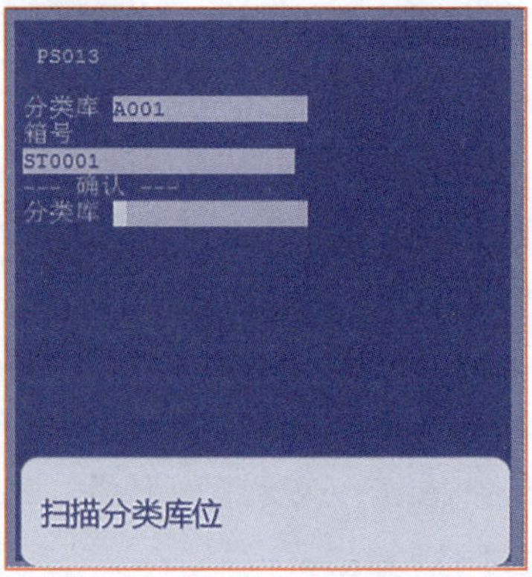

图 1－122　扫描分类库位

异常出现如图 1－123 所示界面，按【ESC】返回，重新扫描或告知现场主管处理。

ERR：错误：无效波次编号
退出 = ESC
当扫描错误的波次号时
ERR：当前输入订单号与波次不符
退出 = ESC
当波次号扫描正确，订单号扫描错时
箱号小于规定长度
退出 = ESC
当扫描的箱号长度小于6位时
ERR：无效库位：71A01203
退出 = ESC
当扫描的自库位与提示库位不一致时
输入的自箱号不一致
退出 = ESC
当扫描的自LPN与提示自LPN不一致时
ERR：无效商品：405501460032
退出 = ESC
当扫描的商品与提示商品位不一致时
输入数量不能大于拣货量
退出 = ESC
当输入的商品数量大于提示的商品数量时
工号：
数量有差异，
是否继续提交
当扫描的商品数量小于提示的商品数量时，主管确认短少则扫描拣货人的工号，否则按【ESC】返回
原因：
扫描短少的原因代码
TM TM00
输入原因
用于取消
当前任务
原因：
SKIP
接受 = ENTER
取消 = ESC
当要跳过当前任务时，按【ENTER】要返回当前任务时按【ESC】
PSW003
密码：
当要中途取消拣货作业时
分类库位不匹配
退出 = ESC
当扫描的分类库位与提示的库位不一致时

图 1－123 异常界面

2. 播种式拣货

（1）定义：播种式拣货是指将一批次订单上的同类货品各自累加起来，从物流中心货品存储区统一取出，集中搬运到播种区域，然后将每一订单所需的 SKU 数量取出，分别放到不同订单的暂存区域，直到此批次订单所有货品分播完毕。

（2）作业流程如图 1－124 所示。

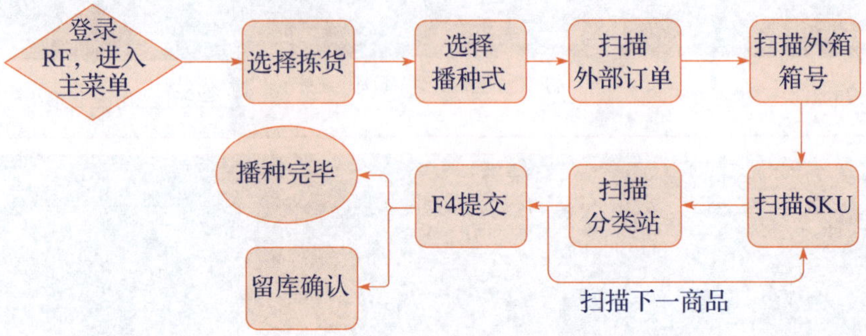

图 1－124　播种式拣货作业流程

3. 散件分播

（1）用途：散件分播是用于二次分拨的波次的散件位的拣货的一种拣货方式。

（2）作业流程如图 1－125 所示。

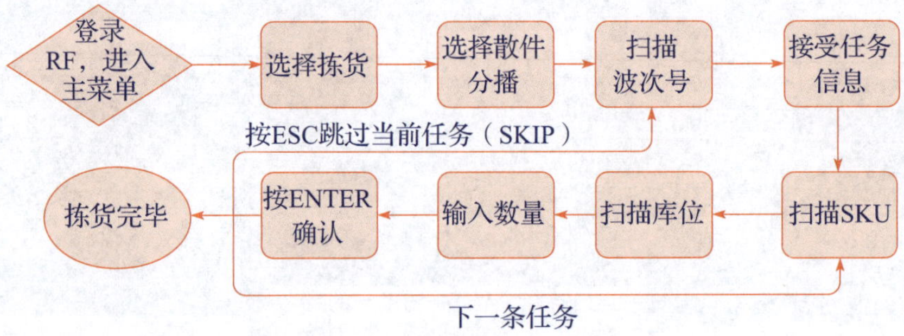

图 1－125　散件分播拣货作业流程

4. 整箱

（1）用途：整箱是用于二次分拨及按单拣货，针对整箱库位拣货的一种拣货方式（整箱拣货产生的播种返架任务，需在播种装箱前完成返架站分类才能释放，否则需手工释放分类站）。

（2）作业流程如图 1－126 所示。

二、出货

1. 播种无装箱

（1）用途：播种无装箱是用于二次分拨整箱拣货需播种的商品及散件分拨拣货的货品，按指定店铺或顾客分拨所需商品数量的一种作业方式，这种方式播种后无须进行装箱作业，且不可与播种需装箱混用。

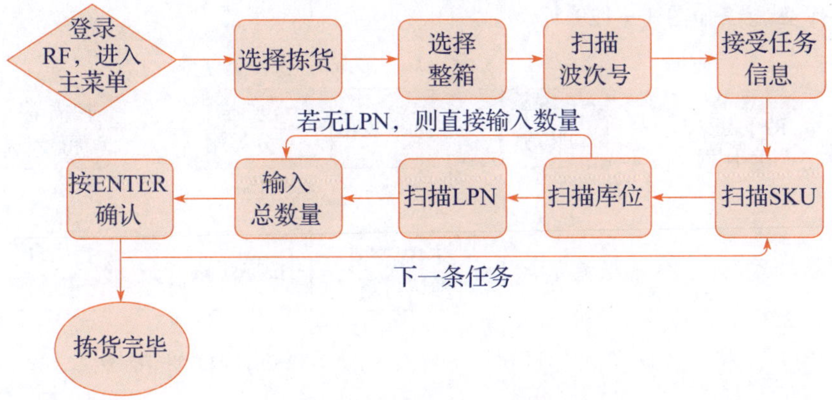

图 1－126　整箱拣货作业流程

（2）作业流程如图 1－127 所示。

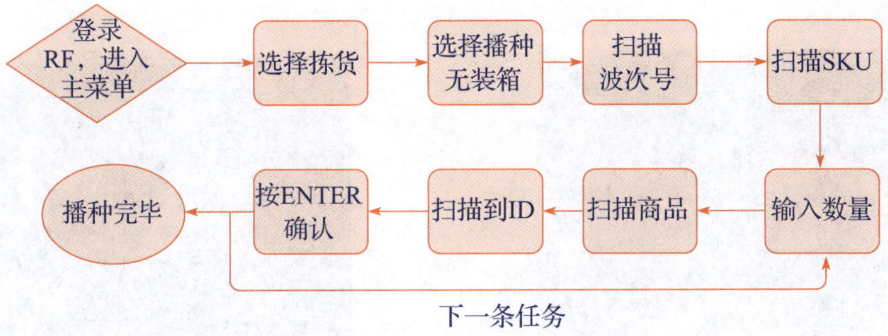

图 1－127　播种无装箱拣货作业流程

2. 播种需装箱

（1）用途：播种需装箱是用于二次分拨整箱拣货需播种的商品及散件分拨拣货的货品，按指定店铺或顾客分拨所需商品数量的一种作业方式，这种方式播种后需进行装箱作业，且不可与播种无装箱混用。

（2）作业流程如图 1－128 所示。

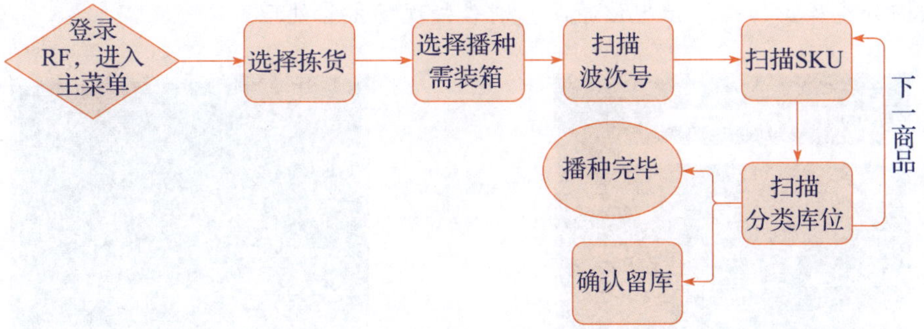

图 1－128　播种需装箱拣货作业流程

三、装箱

（1）定义：装箱是针对已拣货品的按箱进行归款复核的一种方式。

（2）作业流程如图 1－129 所示。

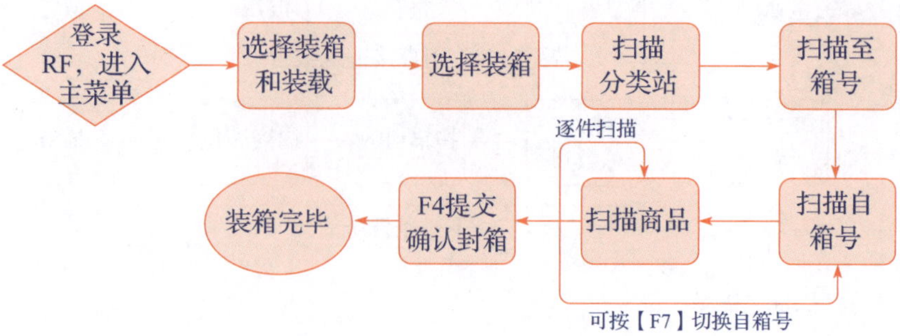

图 1－129　装箱作业流程

通过 RF 主菜单，选择【5 装箱和装载】，如图 1－130 所示。

选择【1 装箱】，如图 1－131 所示。

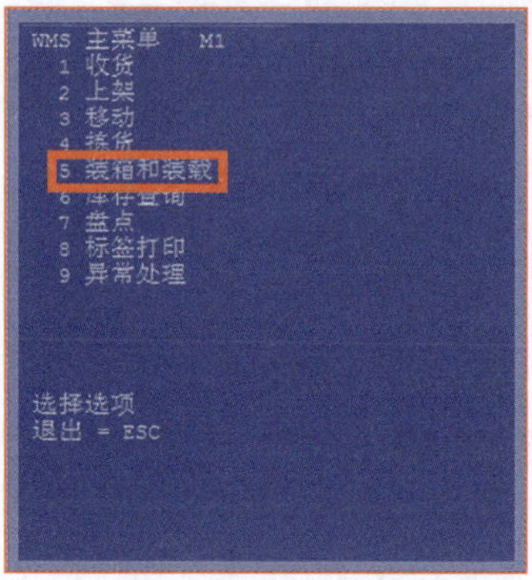

图 1－130　装箱和装载

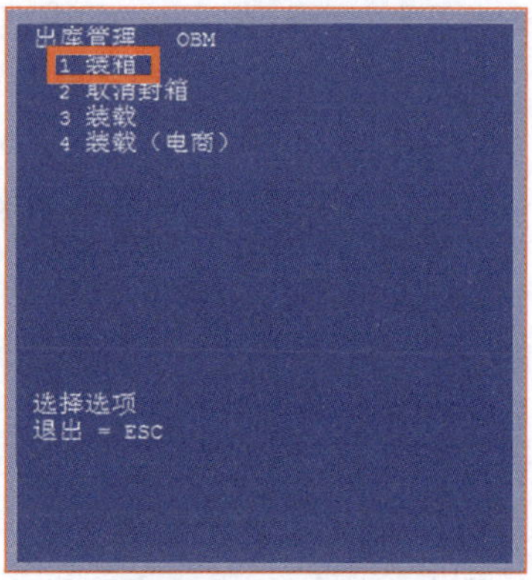

图 1－131　装箱

依次扫描分类库位，扫描至箱号（出货箱号），如图 1－132 所示。

当扫描错误的分类库位时，会出现如图 1－133 所示的界面，此时按【ESC】返回，重新扫描分类库位，若还出现该界面，则告知现场主管处理。

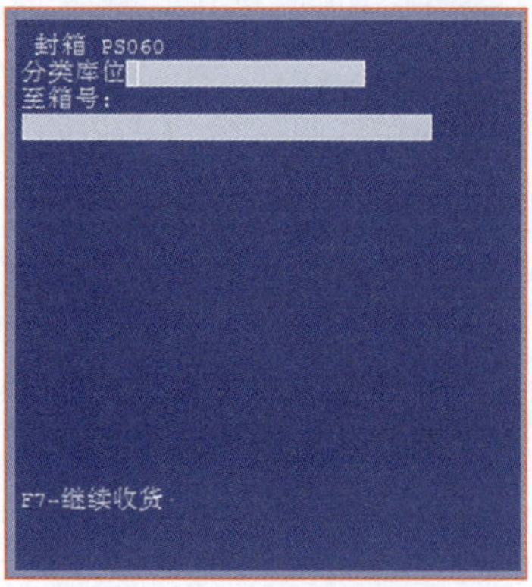

图 1－132　扫描分类库位

图 1－133　扫描错误分类库位

当扫描长度小于6位的至箱号时，会出现如图 1－134 所示的界面，此时按【ESC】返回，重新扫描至箱号，若还出现该界面，则告知现场主管处理。

当扫描已使用的出货箱号时，会出现如图 1－135 所示的界面，此时保持此界面，并告知现场主管处理。

图 1－134　扫描长度不符

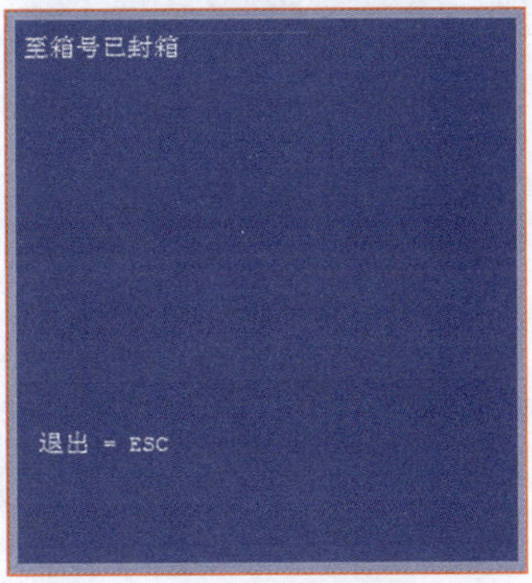

图 1－135　扫描已使用的出货箱号

当扫描正确分类库位及至箱号时，跳至如图 1－136 所示的界面，依次扫描自箱号（周转箱号），并逐件扫描商品条码，并默数数量。

当扫描错误的自箱号时，会出现如图 1－137 所示的界面，此时按【ESC】返回，重新扫描自箱号，若还出现该界面，则告知现场主管处理。

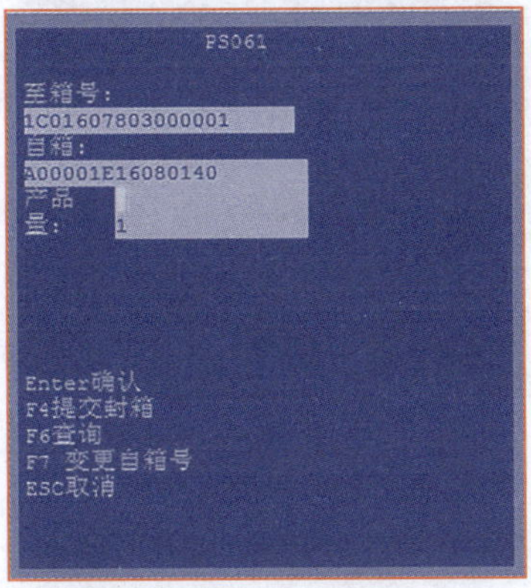

图 1－136　扫描正确

图 1－137　扫描错误的自箱号

当扫描别人正在包装的箱号时，会出现如图 1－138 所示的界面，此时应告知现场主管处理。

当扫描错误的商品条码时，会出现如图 1－139 所示的界面，此时按【ESC】返回，重新扫描商品条码，若还出现该界面，则告知现场主管处理。

若要取消正在包装还未提交的箱号，则按【F2】，并找现场主管，扫描取消密码，如图 1－140 所示。

图 1－138　扫描正在包装的箱号

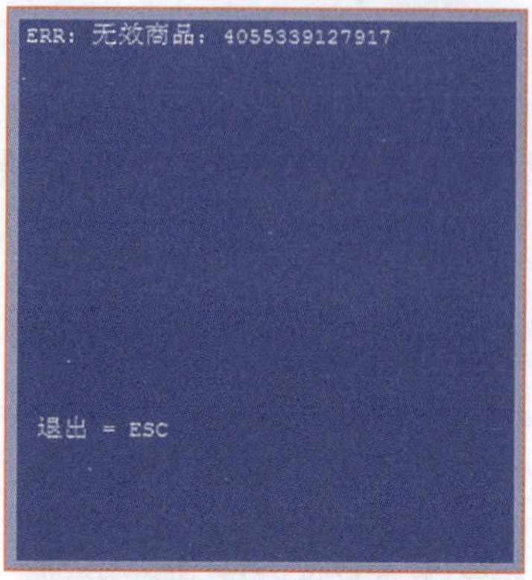

图 1－139　扫描错误的商品条码

若需更换自箱号（周转箱号），常用于货品的归款或 2 个周转箱号内的货品并箱，则在如图 1－141 所示的界面按【F7】。

当一箱装满时，则按【F4】提交，当扫描数量与默数数量一致时，按【ENTER】键确认，完成此箱装箱，如图 1－142 所示。

当前分类站最后一件装完后按【F6】查询是否有差异，若无差异则返回，按【F4】提交作业，若有差异，则告知现场主管处理，如图 1－143 所示。

图 1－140　取消正在包装还未提交的箱号

图 1－141　更换自箱号

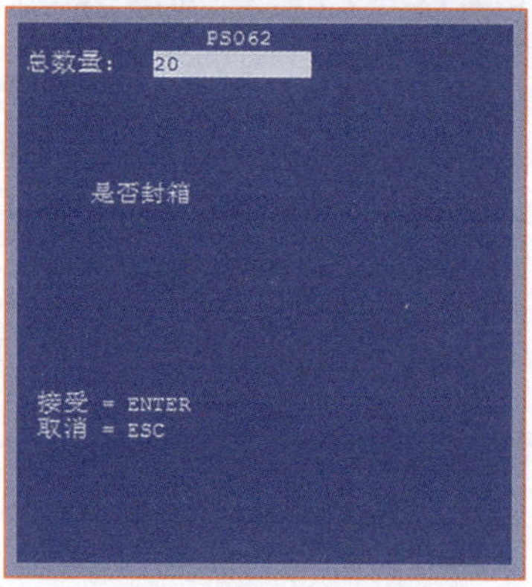

图 1－142　完成装箱

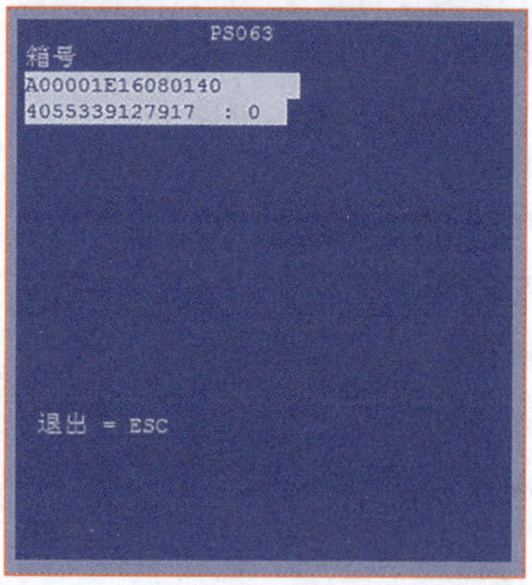

图 1－143　查询差异

当出现如图 1-144 所示的界面时，说明此箱有已扫描但未提交的货品，按【ENTER】则出现此箱临时数据。

在如上界面按【ESC】返回，则出现如图 1-145 所示的界面，此时按【F7】可以继续向此箱装箱。

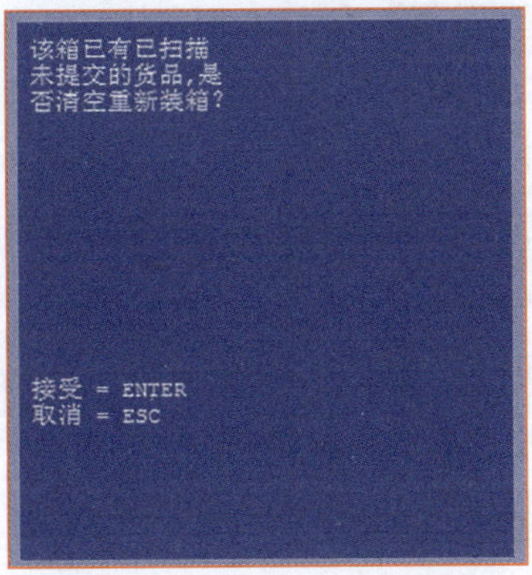

图 1-144　已扫描但未提交

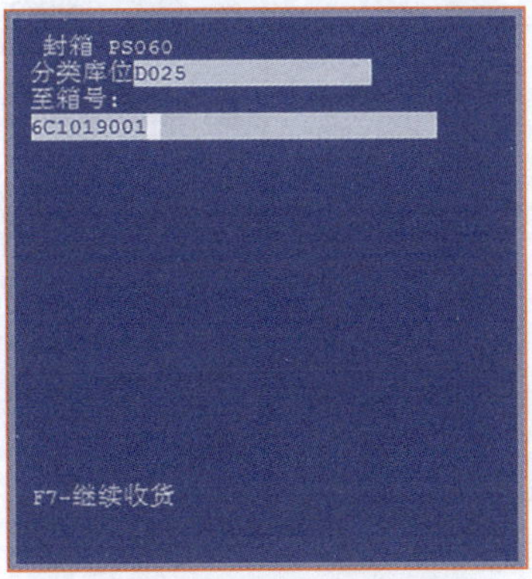

图 1-145　继续装箱

四、标签打印

1. 整箱标签

（1）用途：整箱标签用于打印出货箱标签、播种箱标签、播种返架标签（有权限的可以使用）。

（2）整箱标签打印作业流程如图 1-146 所示。

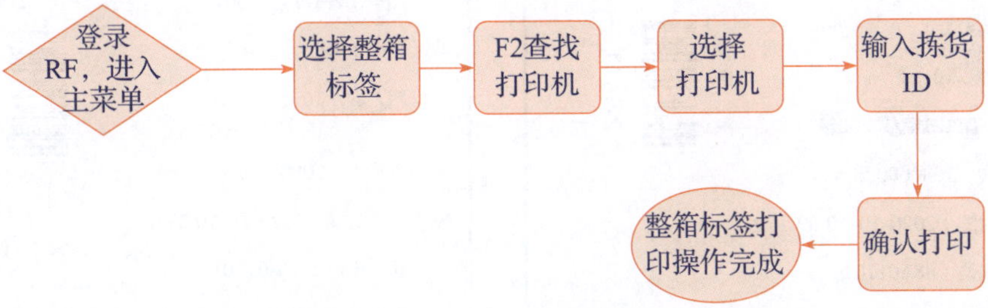

图 1-146　整箱标签打印作业流程

2. 出货箱标签

出货箱标签用于贴在出货外箱的标签，后面装载运输会使用到。整箱产生的标签（整箱拣货产生的标签）如图 1-147 所示。

3. 播种箱标签

播种箱标签（整箱拣货时产生的播种任务的标签，贴在外箱用于标明此箱需全播种）如图 1-148 所示。

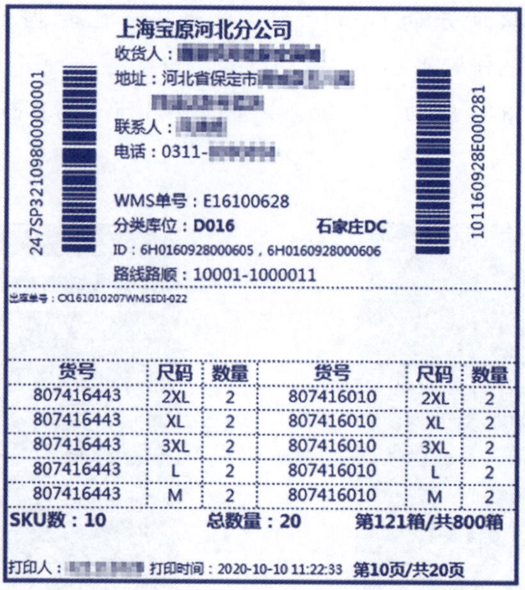

上海宝原河北分公司
收货人：[redacted]
地址：河北省保定市[redacted]
[redacted]
联系人：[redacted]
电话：0311-[redacted]
WMS单号：E16100628
分类库位：D016 石家庄DC
ID：6H0160928000605，6H0160928000606
路线路顺：10001-1000011
247SP321098000000001
101160928E000281
出库单号：CK16101020?WMSEDI-022

货号	尺码	数量	货号	尺码	数量
807416443	2XL	2	807416010	2XL	2
807416443	XL	2	807416010	XL	2
807416443	3XL	2	807416010	3XL	2
807416443	L	2	807416010	L	2
807416443	M	2	807416010	M	2

SKU数：10 总数量：20 第121箱/共800箱
打印人：[redacted] 打印时间：2020-10-10 11:22:33 第10页/共20页

图 1－147　整箱产生的标签

4. 播种返架标签

播种返架标签（整箱拣货时产生的播种任务的标签，贴在外箱用于标明此箱播种后有剩余货品需返架）如图 1－149 所示。

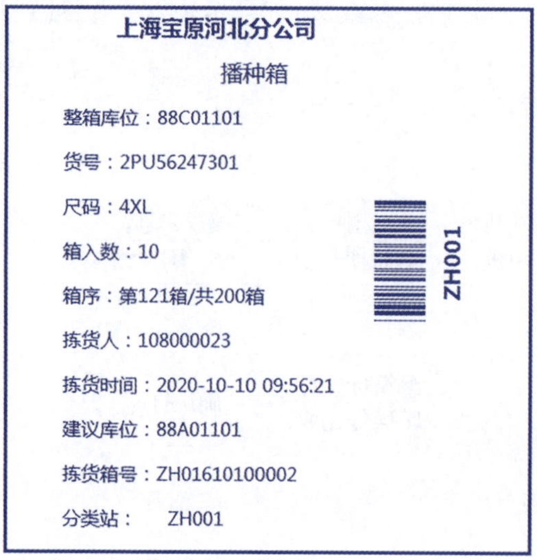

上海宝原河北分公司
播种箱
整箱库位：88C01101
货号：2PU56247301
尺码：4XL
箱入数：10
箱序：第121箱/共200箱
拣货人：108000023
拣货时间：2020-10-10 09:56:21
建议库位：88A01101
拣货箱号：ZH01610100002
分类站：　ZH001
ZH001

图 1－148　播种箱标签

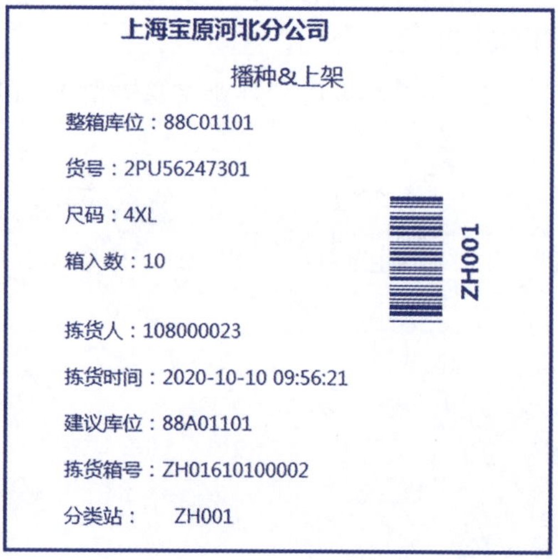

上海宝原河北分公司
播种&上架
整箱库位：88C01101
货号：2PU56247301
尺码：4XL
箱入数：10
拣货人：108000023
拣货时间：2020-10-10 09:56:21
建议库位：88A01101
拣货箱号：ZH01610100002
分类站：　ZH001
ZH001

图 1－149　播种返架标签

五、填制出库报表

（1）进入报表管理器，选择“出库管理”，如图 1－150 所示。

（2）按单拣货及二次分拨关联报表（包括摘果式拣货、散件分播、整箱、播种无装箱、播种需装箱、装箱）如图 1－151 所示。

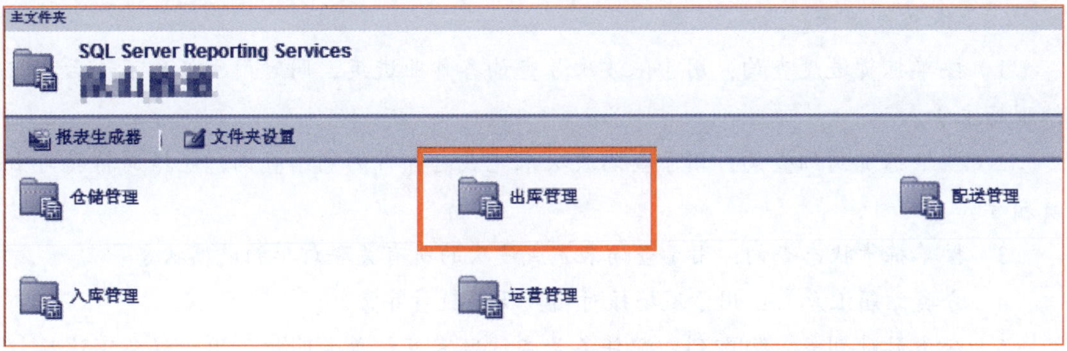

图 1－150　出库管理

图 1－151　按单拣货及二次分拨关联报表

（3）即到即配管理报表（播种式拣货）如图 1－152 所示。

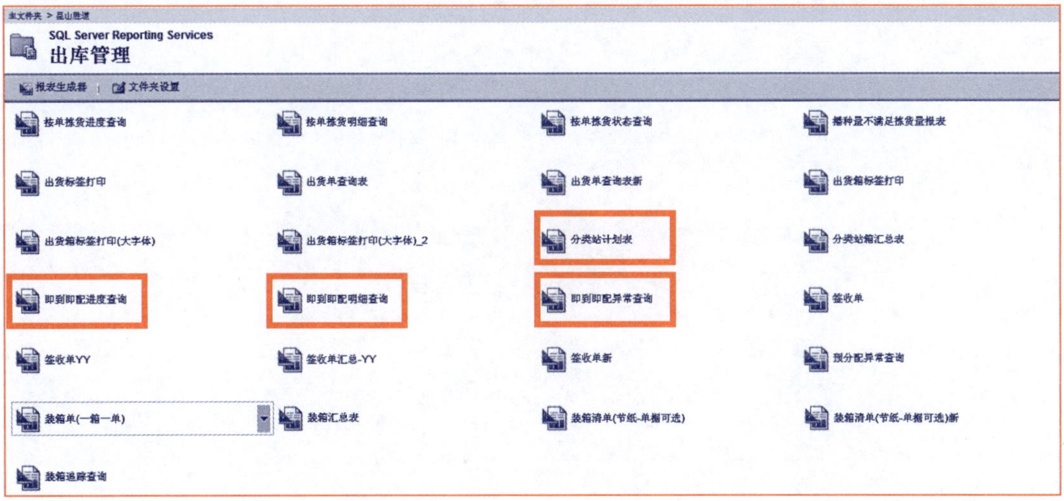

图 1－152　即到即配管理报表

（4）各报表用途。

1）按单拣货进度查询：用于依波次号查询各作业进度，同时用于任务下达后打印给现场主管。

2）按单拣货明细查询：用于查询波次未完成时异常的明细查询，包括周转箱与出货箱号。

3）按单拣货状态查询：用于查询未完成波次的所有关联订单的进度状态。

4）分类站箱汇总表：用于现场核对箱数及箱数量异常。

5）分类站计划表：依即到即配任务号查询顾客及订单号明细，用于任务下达后打印给现场主管。

6）即到即配进度查询：用于查询即到即配任务的作业进度。即到即配未收货时，此表空白。

7）即到即配明细查询：用于查询即到即配任务作业进度关联的明细，关联到收货箱号。

8）即到即配异常查询：用于查询即到即配任务作业进度关联的明细，不关联收货箱号。

任务思考

出库单上的价格应如何填写？

子任务 3 盘点管理

任务目标

1. 掌握盘点流程。
2. 能够实时盘点。

任务描述

人、货、场是门店管理三要素，其中货品管理又分为货品周转和货品安全两个方面。表 1 - 14 是 W 服装品牌公司旨在进行货品安全管理的文件，请结合此表设计盘点方案，并帮助实训基地店铺完成闭店工作。

表 1 - 14 货品及数据管理事项表

系统管理	系统录入
	必须实时录入，周末特别繁忙时，可当日录入完毕
	早班员工下班前必须将所卖货品票据录入完毕
	账员第二日应检查是否录入完毕，未录入完毕则为前一日班次的责任
	账员跟进核对金额、数量、单据验收
	跟进昨日调出货品对方验收情况，与对方账员沟通，无账员店铺由店长沟通
	系统单据出货前录入完毕，接收货品当日验收
货品管理	货品管理—流转
	接收到货品调货单，所有货单 24 小时内完成出货
	货品相关单据更新到最新日期，账实相符
	保留货品在遵循公司政策的条件下使用，任何销售留货不可超过 3 日
	库存供应充足，且管理有序，每周零散调货单据统一下在周四，每周五集中核对
	调货日零散取货，必须周四之前取走，过后回仓并追究店长责任
	检核瑕疵品与次品，所有细节都有追踪记录并且妥当处理，所有调出货品包装吊牌完好，无磁扣
	货品管理—外借 & 内购 & 赠品报损
	外借——无外借，包括品牌负责人，如发现外借按失货处理，外借人承担 70% 责任，店铺承担 30% 责任
	内购 / 制衣费——办公室人员内购需见到内购报损单方可在店铺报损，把货品拿走，并且必须报损在当月，如延后至下月导致票据失效，店长赔付票面金额
	赠品报损——有赠品明细表，每单按标准登记，必须由顾客自己签字，不可代签，小票上必须同时记录赠品明细
库房管理	库房标准
	个人物品与货品分开
	上装必须有袋，浅色下装需要套袋，标签朝上，饰品五金件保存好
	新旧货品分开，每周一整理，统计发送图片至团队群
	单独装箱不许裸露，摆放整齐
	库房垃圾及时清理，不允许隔夜，清洁工具单独存放
盘点	盘点前
	准备盘点工具：盘点表、笔、扫描枪（数据已经更新，已充满电）
	确认所有出入货单据确认完毕
	查找所有工服、次品、赠品的情况

续表

盘点	整理库房，不混款，不混色，不混码
	整理卖场，货品按顺序摆放
	按照区域点数，落到空表上（一小片货架，一个挂通，一个展台，库房一层储货为一个区位）
	根据点数与系统数量核对
	盘点中
	取出货品吊牌
	清点每一区位的总数，填写在盘点统计表上，并统计出大数
	盘点当天的销售先开票，不入系统，并记录下销售的款号
	在 IPOS 系统，进入盘点界面建立盘点单
	按照区位的顺序，使用盘点枪一一扫描，一个区位扫完，在扫描枪中再设置另一个区位（建议扫描顺序由仓库至货场，由高架至展台，由上至下，由左至右）
	核对每一区位的总数是否和扫描枪导入数一致（总数不一致的区位，删除导入数，重新扫描导入）
	核对导入数和盘点统计表的总数，存在差异的，查明原因
	确定盘点数据，并载入数据，更新数据
	盘点后
	填写盘点确认单，所有员工确认签字
	整理卖场、库房，加强叠装和挂装的整齐度，塞入吊牌
	盘点前、中、后
	店长 2 个月互盘一次
	盘点前与自盘一致
	盘点中找差异不可自行找，需办公室人员或其他店长跟进找差异
	盘点后与自盘一致
	盘点前、中、后
	财务部不定期跟进店铺盘点
	盘点前与自盘一致
	盘点中找差异不可自行找，需财务跟进找差异
	盘点后与自盘一致

任务分析

所谓盘点，是指定期对库存商品的实际数量进行清查、清点的作业，即为了掌握货物的流动情况（销售、入库、在库、出库的流动状况），对仓库现有物品的实际数量与保管账上记录的数量相核对，以便准确地掌握库存数量及准确性。

盘点计划：按照盘点流程，规划员工在盘点前期、中期、后期的安排。目的是提高盘点准确率和缩短盘点时间。计划要点：工作开展日期、项目完成时间节点、具体内容、负责人、完成情况、备注，这些信息从盘点计划里都应清楚看到，如图 1－153 所示。

盘点前	盘点中	盘点后
• 制作盘点计划 • 停止调拨 • 盘点前准备及检查 • 制作盘点表格 • 召开盘点会议 • 数据上传下载	• 初盘 • 复盘 • 数据上传	• 无差异 • 有差异

图 1－153　盘点阶段工作示意图

任务操作

根据图 1－154 盘点方案设计步骤和关键节点如下。

步骤 1 盘点前

1. 制作盘点计划

确定盘点的时间、门店负责人和监盘人员名单。规划员工在盘点前期、中期、后期的安排。根据给出的盘点时间段安排好班表，确保盘点时人手充足并可以准时到店。若有些门店进行盘点的时间为营业结束后，那么回家路程相对较近的员工或者回家顺路的员工就会成为优先被选择参与盘点的人员。这样可以缩短员工回家时间并且节约加班成本。

2. 停止调拨

在盘点前 3 天内禁止一切形式的调拨，例如：公司到门店的新货、补货的到货、门店到门店的调拨或客调等。盘点前停止调拨是为了避免因调拨行为影响到盘点的准确性。因此，盘点前的停止调拨须严格执行，如遇特殊调拨情况，需向所属监盘人进行报备、申请。

3. 盘点前准备及检查

对实训门店盘点前准备工作进行检查，将结果填入表 1－15 中。

表 1－15 盘点前准备工作检查表

店铺负责人： 检查日期：

项目	完成情况	需跟进内容
卖场 1. 检查出样是否有吊牌 2. 核对出样数量、款号、颜色、尺码		
仓库 1. 检查仓库货品吊牌、条码货实相符情况 2. 货品分区摆放，整理库房，不混款，不混色，不混码 3. 检查次品、预留区域货品（已买单、未买单分开）		
系统 1. 确认所有出入货单据确认完毕 2. 数据已更新 3. 进入系统盘点界面，建立盘点单		
设备 1. 准备盘点工具：盘点表、笔、扫描枪 2. 扫描枪数据已经更新，已充满电		
其他 安排人员分工 夜间进场盘点需提前申请		

注意事项：

检查时若发现各类产品的条码与实物不符的时候，可向公司或其他门店索要正确的条码进行替换。

盘点前，可将出样的包及皮夹的吊牌翻出，方便盘点的员工扫描，全部扫描完成后再归位。

检查完毕后，填写一张盘点检查表。

4. 制作盘点表格

（1）盘点表格共有 5 个表格，分别是汇总、库房汇总、库房点数、样面汇总、样面点数。

（2）库房、卖场盘点序列号规划，每次盘点前都需要将盘点表格打印出来，并规划好库房和样面的盘点序列号，以便减轻后期查找差异的难度。

5. 召开盘点会议

盘点会议的中心内容如下：卖场及仓库吊牌检查工作至少提前一天安排完成；关键步骤工作必须由盘点负责人操作，如盘点表格的制作、盘点设备的检查、卖场复盘、数据录入和导入；初盘和复盘需要安排不同的员工进行操作；重点工作需安排有经验员工进行或者是 SSE 级别以上员工开展。

6. 数据上传下载

数据的上传下载一定要做，并将货品的调进调出整理核查，保证盘点的准确性。

步骤 2　盘点中

1. 初盘

员工使用盘点表，然后进行人工手动盘点每排每格货架内货品以及卖场各个区域内的货品数量。

2. 复盘

借助盘点工具（盘点枪）进行复盘。

（1）盘点枪分配，可根据门店实际盘点枪数量进行分配。

（2）使用盘点枪进行扫描。

（3）扫描完成后，制作盘点单。

3. 数据上传

将已经录入盘点枪内的数据上传至电脑，并由盘点负责人核对盘点明细的准确性。

步骤 3　盘点后差异的查找

1. 有差异

（1）差异原因。

1）库存数 > 盘点数，可能是由以下情况导致的：

①盘点时漏盘。

②未做次品单的次品遗漏盘点。

③未付款的预留商品遗漏盘点。

④调出单据未确认调出。

⑤调拨单据对同一件货品多次确认。

⑥因货品失窃无法盘点。

2）库存数 < 盘点数，可能是以下情况导致的：

①盘点时重复盘入。

②产品串号、串色或串款。

③未付款的预留商品遗漏盘点。

④未做次品单的次品遗漏盘点。

⑤调出单据未确认调出。

⑥调拨单据对同一件货品多次确认。

⑦因货品失窃无法盘点。

（2）解决差异的方法。

1）检查预留区和次品区盘点情况。

2）检查产品的单款数量是否一致。

3）检查调出、调入单据情况。

4）如出现同款货品大量多出或缺失时，需要检查门店的调拨单据制单是否错误。

5）核对异常货品仓库实物数量与盘点机数量。

6）如出现大量货品缺少时可以先检查是否次品单据未审核。

7）差异量过大，无法找出原因时，需要申请重盘确认差异是否存在。

（3）注意事项。

1）根据以上差异情况，查找差异原因。

2）知道差异后，需要及时向盘点负责人进行报备。

3）若有差异悬殊可以向盘点负责人进行“重盘”申请。

4）若找不出差异原因，将提交盘点结果后，进入“盘点差异赔付流程”。

（4）盘点差异赔付。

盘点过程中无论是产生的数量差异还是实际的款式差异，都会导致最后的金额差异。无论差异是多还是少，都会进行盘点差异的赔付。赔付时需要按照公司制定的赔付标准进行赔付。

2. 无差异

若盘点无差异，只需将盘点结果上传盘点统计人处，由其进行复核并做盘点总结。全部总结完成后，会将门店的盘点结果公示出来。

任务思考

请结合制定的盘点方案，绘制盘点工作流程图。

工作领域二 2 周边商圈与推广渠道分析及监控

任务一 商圈调研实训

任务目标

1. 掌握商圈调研的内容、方法、流程。
2. 根据商圈调研结果能够对信息进行汇总分析。

任务描述

根据业态的不同开展商圈内生活结构、都市结构、零售业结构等项目的调研，请选择一家门店开展商圈调研并撰写调研报告。根据商圈的特点采取有针对性的推广活动。

任务分析

对于店铺的经营来说，选址正确与否是个关键。店址也是店铺策略中灵活性最小的因素，因为店址一般有较长的租期，且需要大量的投资。周边所处商圈的消费水平、消费群体、类似品牌等对店铺的经营影响都起着至关重要的作用。店铺的选址不能只凭感觉和经验，无论是改造旧店址成为新商店，还是重选新址，都要用科学的方法。本次任务是对周边商圈进行调研分析，为选址提供科学的数据，并能根据商圈的特点采取有针对性的推广活动。

任务操作

操作步骤和关键节点如下。

步骤 1 开展调研前需考虑的因素

1. 店铺开发所需考虑的战略

（1）开店自营的盈利模式还是开店后转卖商店的盈利模式。

（2）直营连锁模式还是特许连锁模式。

（3）商用物业购买还是租赁。

（4）专用于商店经营还是商店经营加不动产。

（5）规避竞争还是理性竞争。

（6）跳跃式发展还是渗透式发展。

2. 确定选址标准

根据自身业态及发展战略确定选址标准。

步骤 2 进行商圈内生活结构的调研

（1）人口特征（人口数量、人口结构）。

（2）家庭结构。

（3）收入水平。

（4）消费水平。

（5）消费习惯。

步骤 3 整理、汇总、提炼调研信息

整理、汇总、提炼调研信息，并分别填入表 1－16、表 1－17 中。

表 1－16 商场外部环境信息统计表

信息大类	信息小类	
区域政策	政治	经济
商圈状况	类型：□不同业态零售企业的聚集 □同种业态商店的聚集 □不同行业商业服务业的聚集	
	客流情况： □较大 □一般 □较小	
	商圈详述：	
辐射范围	东至： 南至： 西至： 北至：	

续表

信息大类	信息小类	
人口状况	人口密度：　□较大　□一般　□较小	收入水平：　□高　□中　□低
	职业构成： □农、林、牧、渔、水利业 □工业 □地质普查和勘探业 □建筑业 □交通运输业、邮电通信业 □商业、公共饮食业、物资供应和仓储业	□房地产管理、公用事业、居民服务和咨询服务业 □卫生、体育和社会福利事业 □教育、文化艺术和广播电视业 □科学研究和综合技术服务业 □金融、保险业 □国家机关、党政机关和社会团体 □其他行业
	男女比例：女性占　%；男性占　%	家庭结构：已婚占　%未婚占　%；生育占　%
	年龄结构：20 岁以下　%；20～30 岁　%；30～40 岁　%；40～50 岁　%；50 岁　%	
	购物习惯：	消费水平：
交通情况	交通工具的种类及数量 □地铁 / 城铁：　□公交车：	
	停车场设施情况：	

表 1－17　商场内部环境信息统计表

信息大类	信息小类	
商场布局	楼层分布	品牌配置
商场动线（画图）		
竞争品牌	销售表现	营销策略
	人员	货品
	卖场	其他

续表

<table>
<tr><th>信息大类</th><th colspan="2">信息小类</th></tr>
<tr><td rowspan="2">目标顾客</td><td>年龄段：</td><td>收入水平：□高　□中　□低</td></tr>
<tr><td>心理特征：
□追求文化品位的消费心理
□追求个性化的消费心理
□追求自主、独立的消费心理
□追求表现自我的消费心理</td><td>□追求方便、快捷的消费心理
□追求躲避干扰的消费心理
□追求物美价廉的消费心理
□追求时尚商品的消费心理</td></tr>
</table>

步骤4 调研报告的撰写

调研报告的写作过程，大致可分为选定题目、拟写提纲、撰写初稿、修改定稿。

步骤5 教师对各组商圈调研的效果进行评价

评价评分表如表1-18所示。

表1-18 商圈调研评价评分表

<table>
<tr><td>考评人</td><td></td><td>被考评人</td><td></td></tr>
<tr><td>考评地点</td><td colspan="3"></td></tr>
<tr><td>考评内容</td><td colspan="3">店铺选址</td></tr>
<tr><td rowspan="6">考评标准</td><td>内容</td><td>分值（分）</td><td>评分（分）</td></tr>
<tr><td>了解店铺开发的原则</td><td>15</td><td></td></tr>
<tr><td>熟悉不同业态的选址标准</td><td>15</td><td></td></tr>
<tr><td>掌握商圈调研方案的制定</td><td>20</td><td></td></tr>
<tr><td>掌握市场调研执行的方法</td><td>20</td><td></td></tr>
<tr><td>掌握调研报告的制作</td><td>30</td><td></td></tr>
<tr><td colspan="2">合计</td><td>100</td><td></td></tr>
</table>

注：考评满分为100分，60～70分为及格，71～80分为中等，81～90分为良好，91分以上为优秀。

任务思考

如果自己设立门店进行经营，选址时要考虑哪些因素？

任务二　推广渠道分析及监控

任务目标

1. 根据商圈调研的结果制定推广方案。
2. 开展推广促销活动。

任务描述

根据任务一商圈的调研分析，尝试做一次短视频的营销推广活动，开展“主题推广活动计划”的制订，选定媒体进行店铺或商品的推广活动，并进行效果评估。

任务分析

“天下武功、唯快不破。”不同类型的企业，都要实施营销，将品牌推到消费者面前。道理是这样的，但只是大家的做法各不相同。对于传统的零售企业来说，竞争的核心是争夺地段，而对于现代企业来说，竞争的核心是“粉丝”。未来是影响力和号召力之间的联动反应，企业面临的挑战是从地段到“粉丝”，从内容到数据，从盲目到精准。根据企业特点、商品特性、品牌文化选择适合的推广渠道和推广方式来触动流量经济是企业竞争的重中之重。过去的推广活动是企业提供什么，消费者接受什么，现在是消费者喜欢什么，企业就制造什么，如何让消费者喜闻乐见，企业推广的方式和内容很重要，这就需要企业根据用户的地理位置、基础信息、浏览历史和访问次数，精准地投放广告。利用推广和促销活动，收集用户信息，分析并精准地捕捉消费者需求，然后把消费者想要的东西推送到消费者面前，这就是大数据的魅力。另外，满足消费者需求的同时促进店铺营销。

任务操作

操作步骤和关键节点如下。

步骤 1 “主题推广活动计划”的制订

根据企划部收集的消费者、竞争对手信息以及其他各类渠道收集整理的商业信息，拟订“××× 主题推广活动计划”。

内容主要包括：目标消费群或营销环境分析、推广目的、推广时间、推广渠道、推广方式、内容细则、分工与支持、推广时间表、推广预算、推广评估方法和内容。

步骤 2 推广实施

（1）撰写视频脚本。

（2）拍摄短视频。

步骤 3 视频效果监控

很多视频网站提供了网络视频的一些监测数据，如视频被点击播放的次数、被转载的次数、评论的条数、网站视频排名等。实时了解并统计视频在各个网站的播放效果，为视频营销方案的进一步优化做好准备。

步骤 4 撰写本期推广评估总结报告

评估总结报告的内容如下：

（1）门店实施促销情况。

（2）销售额增长度。

（3）预期目标实现度。

（4）存在问题分析。

（5）经验总结。

步骤 5 制订评估方案

根据此次推广目的，制定评估方案（见表 1－19），即制定有针对性的效果评估指标体系，如客流量、客品数、产品单价、毛利率、净利润、现金流等。

表 1－19 某连锁企业推广方案表

<table>
<tr><td>班级</td><td></td><td>姓名</td><td></td><td>实训时间</td><td></td></tr>
<tr><td>学号</td><td></td><td>组号</td><td></td><td>主要任务</td><td></td></tr>
<tr><td colspan="6"></td></tr>
<tr><td>备注</td><td colspan="5"></td></tr>
</table>

步骤 6 教师对各组推广活动的效果进行评价

评价评分表如表 1－20 所示。

表 1－20 连锁企业推广方案评价评分表

考评人		被考评人	
考评地点			
考评内容			
考评标准	内容	分值（分）	评分（分）
	熟悉推广的各种方式	15	
	熟悉推广的各种目的	10	
	熟悉推广活动的实施流程	15	
	熟悉推广活动的组织保障安排	20	
	熟悉推广活动可用的各种媒体	10	
	掌握推广活动的商品选择思路	10	
	了解推广活动的费用预算方法	10	
	熟悉推广活动的评估方法	10	
合计		100	

注：考评满分为 100 分，60 ～ 70 分为及格，71 ～ 80 分为中等，81 ～ 90 分为良好，91 分以上为优秀。

任务思考

为了增加短视频的点击率与评价，提高排名和影响力，还可以通过哪种途径配合短视频进行推广呢？

工作领域三

3 KOL 反馈数据采集

任务一 KOL 拓展顾客

任务目标

1. 定义目标顾客。
2. KOL 拓展顾客。

任务描述

W 服饰有限公司作为时尚女装的前沿代表，掌握第一手时尚资讯，能精准地把握流行趋势，其专业的设计师还能根据每季的产品推出专业的穿搭指南，所以其品牌公众号和微博开通不久，就拥有了较多忠实“粉丝”。

W 服饰有限公司期望借助 KOL 推广，扩大品牌的知名度、影响力，实现集客、线上线下引流的目的。公司开发了微信小程序，可通过扫描二维码成为该品牌的会员，会员可享受专属优惠活动，能参与群内的各种有奖小游戏，还能实时接收公众号上和微博上的时尚资讯。与其他公司选择请明星进行推广不同，W 服饰有限公司把握现有所在领域的 KOL——门店的员工，她们理解品牌的文化及设计理念、了解当季的流行趋势，更重要的是她们知道顾客需求。每个员工都有电子海报和二维码，其接触的顾客可以通过扫描二维码成为品牌会员，而且该会员创造的销售额均记为该员工的销售业绩。公司将请明星的费用用作员工奖励，员工既可以获得拓展会员的奖励，同时又能通过与会员的互动推荐提升销售业绩，一时间员工的积极性高涨。为了确保所有员工在顾客拓展过程中的专业性和规范性，请你帮助 W 服饰有限公司制定 KOL 拓展顾客方案。

任务分析

KOL（Key Opinion Leader，关键意见领袖）是营销学上的概念，通常被定义为：拥有更多、更准确的产品信息，且在相关群体中具有较大话语权、拥有大批追随者并被追随者接受、信任，对该群体的购买行为有较大影响力的个人或组织。因此除具备专业的知识和准确的信息外，KOL 还要具备较强的沟通能力，才能获得顾客的认同和信任。

任务操作

KOL 拓展顾客作业操作步骤和关键节点如下。

步骤 1 定义目标顾客

（1）利用大数据分析公司会员顾客数据，确定重点顾客。

（2）重点顾客分析。通过调研问卷，从顾客社会属性、心理属性、兴趣特征、消费特征、位置特征、设备特征、行为数据、社交数据等维度进行分析，如图 1－154 所示。

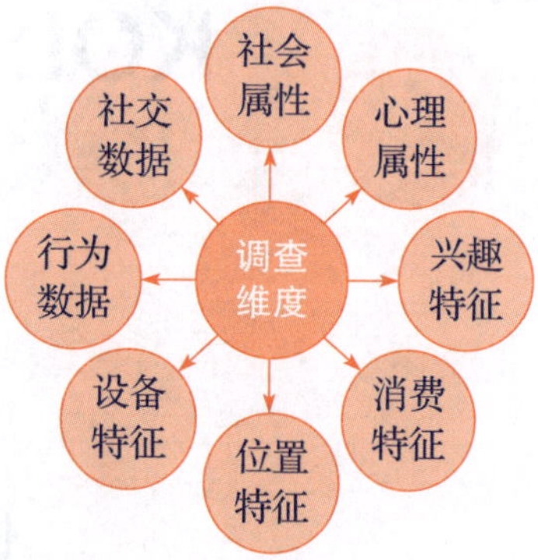

图 1－154 调查维度

（3）顾客画像。通过顾客画像确定产品的核心人群，就是根据用户社会属性、生活习惯和消费行为等信息而抽象出的一个标签化的用户模型，也就是将用户信息标签化。我们可以根据这些标签建立顾客画像并进行精准营销，有助于避免同质化，从而进行个性化营销，进而不断提高转化率。

步骤 2 有效添加

选定目标顾客后，需要运用恰当的话术进行有效添加。请针对以下情境制定有效话术。

（1）接待顾客过程中：____

____

____。

（2）顾客买单时：____

____

____。

（3）在门店以外遇到的潜在顾客：________________________________

____

____。

步骤 3 有效沟通 & 情感交流

有效沟通是建立认同和相互信任的前提，并且可以通过调研来进一步了解顾客喜好，交流的内容可以包括但不限于以下方面：

（1）偏好线上、线下哪种购物方式。

（2）平时购物的具体渠道、商圈。

（3）喜欢哪些品牌、店铺，以及喜欢的原因。

（4）及时提供给顾客优惠活动的信息。

（5）节日祝福、天气提醒。

（6）____。

（7）____。

（8）____。

（9）____。

（10）____。

步骤4 实现销售

（1）打标签：结合调研情况为顾客打标签，以便在后续有针对性地为顾客提供专业建议或推送优惠信息。例如：文艺女性，当品牌开展与画廊的联合画展活动时发出邀请；运动达人，当品牌开展健身俱乐部联合活动时发出邀请。

（2）优惠券派发：优惠券要结合顾客标签派发，避免疲劳轰炸式的无筛选推送。

（3）领取：提醒顾客在限期内领取。

（4）使用：关注顾客参与活动后的反馈，一方面可增进关系，另一方面能不断改进服务方式。

步骤5 总结

请跟踪KOL推广期间经营数据的变化，填入表1-21，并总结分析KOL推广的成效。

表1-21 ________月________店铺会员发展及销售额总结表

工号	姓名	新增会员顾客数量	排名	线上		线下	
				销售额	排名	销售额	排名

任务思考

1. 线上、线下的重点顾客是否一致？你觉得原因是什么？

2. 重点顾客、一般顾客的偏好有哪些不同。

任务二　微信 + 实体店的线上线下引流

任务目标

1. KOL 推广。

2. 制定线上线下引流方案。

任务描述

W 女装品牌专卖店拟在“十一黄金周”开展新品上市的主推活动，计划是采取满额赠礼的方式，分设 800 元、1 200 元、2 000 元三个赠礼级别，购满 600 元赠送电影票 2 张，购满 1 200 元赠送该品牌价值 388 元丝巾一条，购满 2 000 元赠送该品牌价值 688 元羊绒围巾一条。请帮助门店设计微信 + 实体店的线上线下引流的方案，就是通过微信帮助门店进行促销活动的线上线下引流，从而达到提升老顾客黏合度，吸引新顾客关注度，进而提升销售业绩的目的。

任务分析

营销人员都知道，促销活动是有成本的，所以进行营销活动前一定要计算好成本。营销活动最终的目的是让企业盈利，哪怕不盈利，也尽量不要亏本做活动。

此外，活动的目的是吸引并留住顾客，因此商品、服务都要围绕此目标展开，促销的方式、商品的选择都要服务于这个目标，这是线上线下引流成功的前提条件。

任务操作

具体的操作步骤和关键节点如下。

步骤 1 种子用户的累积

种子用户就是企业营销活动启动的第一批用户，裂变一定是基于基础用户进行一传十、十传百、百传千的指数增长过程。所以，前期需要有这样的种子用户积累。种子用户分两个维度，一个是看数量，另一个是看质量。

种子用户数量可通过线下实体店和 KOL 推广的裂变来获取，实体店的老顾客都是精准的种子用户，可留存其微信，为接下来的活动做准备。KOL 拓展顾客以及通过他们的宣传拓展微信群就是线上裂变。

仅有数量的积累还远远不够，还要保证种子用户的质量，也就是社群活跃度。除了抽奖、抢红包等方式，还可以通过____

____

____等方式来提高社群活跃度，保证种子用户的质量。

总之，第一步要累积好种子用户，才能为接下来的裂变启动做准备。

步骤 2 裂变活动的启动

当企业的前期用户达到一定程度后，就可以启动裂变活动。在这个过程中要注意以下三点：

1. 启动话术

“喜迎女王节，美妆产品第二件 3.8 折”就是很好的话术，短短的一句话向顾客传递了促销活动的原因、时间、活动方式和参加活动的商品。你为店铺此次活动制定有效的启动话术是：____

____

____。

2. 借助工具

建立社区微信群，设置机器人。因为一个微信群扫码满 100 人就需要通过邀请才能进来，这有些烦琐，所以根据预估应设立几个社区群，可以确保满足后续业务发展。在社群中可使用工具，让机器人自动回复进群的人。

3. 启动时间

据统计，在晚上 8 点到 10 点是大部分人看微信、刷朋友圈的高峰期。如果在晚上 8 点开始发送推广信息，那么就可以让第一批的种子用户开始刷屏，他们的朋友看到了也会继续分享刷屏，从而形成当地人的朋友圈都在刷屏相关活动。因此，启动话术、借助工具和启动时间做好，是启动的关键。

步骤 3 用户参与的路径

企业让顾客参与的流程，可以是请顾客扫码进群后分享朋友圈，再截图发给工作人员领取奖品等路径。但此次活动不同的就是用线下门店做用户裂变。

步骤 4 流量的转化留存

在激活社群活跃度活动中抢到红包或中奖的用户只会是少数，所以即使是没中奖的用户，企业也不要浪费这来之不易的流量。

1. 针对未中奖的用户进行转化

很多顾客在参与活动和抽奖后，已经付出了“分享朋友圈”+“扫码进群+持续地关注自己有没有中奖”等沉没成本了，用户就会有种“我付出了努力却没有中奖”的失望心理。所以在公布中奖后，企业应针对没有中奖的人进行一个福利转化，即独享线下优惠活动：____。

2. 对全部参与的人要进行留存

把这些人吸引过来是来之不易的，不要轻易浪费这些流量，最好引流到企业微信公众号或社群上。

3. 要让参与顾客进行再传播

策划以海报形式转发并可以向线下引流的促销活动：____。

让顾客帮企业转发设置好的海报，可以让顾客帮企业进行传播。虽然不会全部顾客都这样做，但是有很多顾客会因为想要得到再次购买的优惠而转发朋友圈。

以上三种方式就是对整个活动即将结束时而进行的再次放大，让裂变活动达到最大化效果。

实操中的注意事项：

（1）裂变的时候，机器人回复不能断，做到让顾客进群后都能知道这是什么群、要干什么、为什么等信息。

（2）启动时间很关键，最佳时间是晚上 8 点。有些人做活动没有取得很好的效果，其中主要原因就是启动时间没有做好。

（3）启动用户的数量和质量很关键。没有一定的种子用户，活动很难取得想要的裂变结果。

（4）机器人回复的话术要清晰，把参与方式、活动时间、抽奖方式与开奖时间等关键内容说清楚。

（5）促销形式和促销商品要与目标客户群匹配，才能最终实现吸引新顾客、稳定老顾客的目的。

（6）这些活动的前提一定是基于整个企业的团队执行、产品成本、服务、商圈特点等基础上，否则会适得其反。

任务思考

1. 促销活动的参与性是否影响线下线上引流的效果？

2. 关于启动时间，面向所有的行业、顾客群体是否都一样呢？

模块二

门店基础协助

知识导图

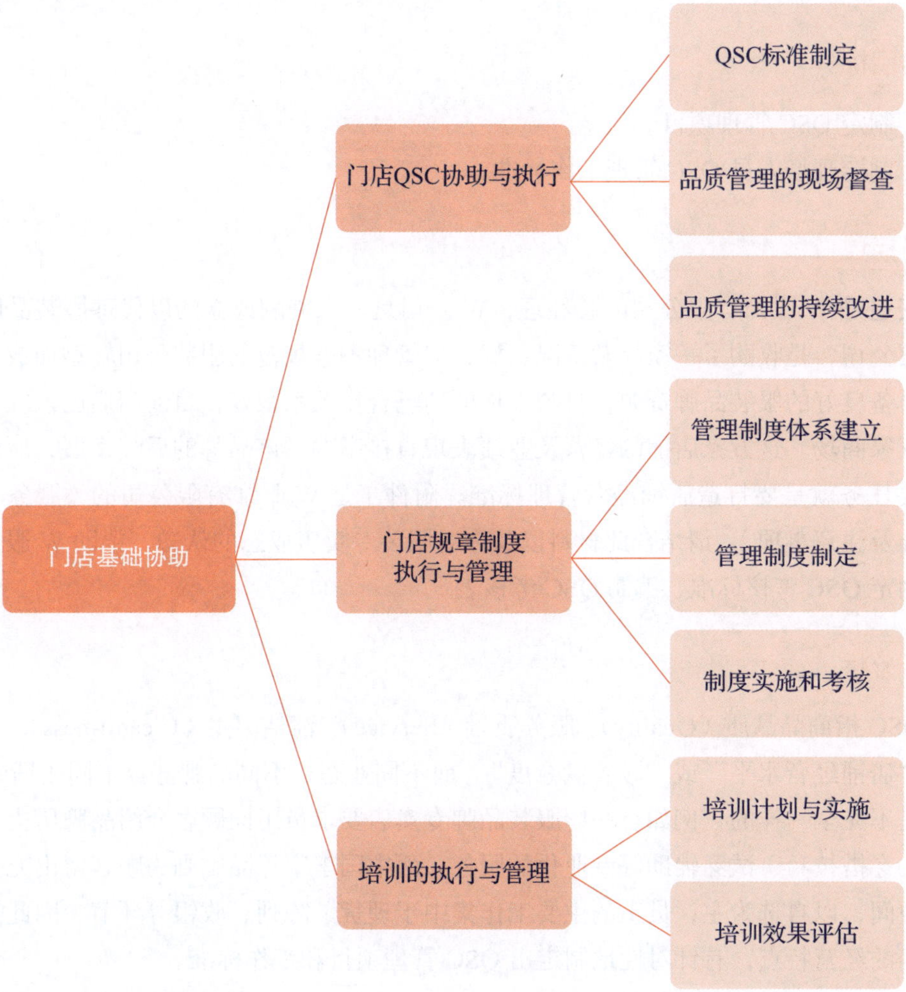

工作领域一 1 门店 QSC 协助与执行

任务一　QSC 标准制定

任务目标

1. 制定 QSC 管理项目。
2. 制定现场人员 QSC 管理工作标准。

任务描述

安迪是 W 服饰有限公司的总经理，W 公司是一家刚刚成立的以代理服装品牌为主的商贸公司，是收购了一家经营情况良好，但管理不够规范的服装公司转型而成。因此公司具备良好的服装品牌资源，且与本地的商场合作关系很好，目前门店已入驻当地主要的五家商场。这五家店铺的经营及业绩表现直接影响了该品牌的后续发展，所以安迪的首要任务就是要打造店铺经营管理标准。附件 1 是 W 服饰有限公司的《服务八步曲的标准及注意事项》，请结合此材料以及你对服装专卖店业态的认知，帮助 W 服饰有限公司制定 QSC 考核标准，编制 QSC 考核表。

任务分析

QSC 指商品品质（Quality）、服务质量（Service）、清洁卫生（Cleanli-ness），就是所谓的“店铺经营水平”或“顾客满意度”。而不同业态、不同品牌甚至不同店铺的 QSC 标准是不完全一样的，例如有一些服装品牌专卖店要求员工向顾客介绍品牌历史、产品特点、穿搭技巧、试穿辅助等专业化的服务，而中国李宁等品牌则为顾客留出充分的距离和空间，以自选为主，员工的主要工作集中于理货、陈列、收银等环节。因此需要分析门店的经营特点，有针对性地制定出 QSC 管理项目和工作标准。

任务操作

操作步骤和关键节点如下。

步骤 1 制定商品品质的管理项目和标准

请在表 2－1 中相对应区域内补充考核标准。

表 2－1 服装商品管理质量考核表

序号	商品名称	供应商资质资料	质检报告	商品批次、标号、出厂时间信息	出样及时性		
		□齐全 □缺失	□齐全 □缺失	□齐全 □缺失	□及时 □不及时		
		□齐全 □缺失	□齐全 □缺失	□齐全 □缺失	□及时 □不及时		
		□齐全 □缺失	□齐全 □缺失	□齐全 □缺失	□及时 □不及时		
		□齐全 □缺失	□齐全 □缺失	□齐全 □缺失	□及时 □不及时		
		□齐全 □缺失	□齐全 □缺失	□齐全 □缺失	□及时 □不及时		

注意：不同商品的质量要求不一样，应该根据商品大类的不同特点来制定，或者可以根据门店的商品大类，制定商品质量考核表。

步骤 2 制定服务质量的管理项目和标准

根据你对服装专卖店的了解，帮助 W 公司进一步补充完善售前、售中、售后的服务质量考核表，填入表 2－2 中相对应的区域。

表 2－2 服务评价表

考核项目			是	否	备注
售前	1	员工是否彩妆上岗，时尚发型，且着装是否统一			
	2	店内灯光是否全部开启			
	3	陈列是否丰富			
	4	陈列细节是否达标，衣服是否熨烫			
	5	收银台是否清洁（收银台上面、后面、下面）			
	6	导购是否在恰当的时机与顾客打招呼			
	7	导购是否面带微笑，看起来是否亲切、友善			
	8	导购是否与你有目光接触，并看起来很自信			
	9	导购是否给顾客充分的时间和空间看货品（自己整理卖场），而不是紧紧跟着			
	10	是否所有与顾客擦肩而过或有目光接触的导购都向顾客打招呼？（用语言或是点头微笑）			
	11				
	12				

续表

考核项目			是	否	备注
售中	1				
	2				
	3				
	4				
	5				
	6				
	7				
	8				
	9				
	10				
售后	1				
	2				
	3				
	4				
	5				
	6				
	7				
	8				
	9				
	10				

步骤3 制定环境卫生清洁的管理项目和标准

请根据你对服装专卖店的认知，完善表 2－3 中的考核标准。需要注意的是，不同行业的清洁要求标准是有差异的，例如服装专卖店的员工可以化彩妆、做时尚的发型和美甲，以展示其时尚的形象，但餐饮企业有些岗位则要求员工淡妆、戴帽子、不可以涂指甲油等，因此清洁状况检核标准需根据具体情况制定。

表 2－3 卫生评价表（QSC 检查内容）

考核项目			是	否	备注
门店	1	招牌是否完整（标识、名称、字号）			
	2	展台上是否保持清洁干燥			
	3				
	4				
	5				
	6				
	7				
	8				

续表

考核项目			是	否	备注
门店	9				
	10				
库房/后厨	1	物品是否定置摆放			
	2	地面是否保持清洁干燥			
	3				
	4				
	5				
	6				
	7				
	8				
	9				
	10				
员工	1	员工服装是否整洁且规范			
	2	员工身上是否有异味（包括汗味、烟味及过浓的香水味）			
	3				
	4				
	5				
	6				
	7				
	8				
	9				
	10				

任务思考

（1）请思考，超市业态商品管理质量考核标准与服装专卖店有哪些差异？请选择一家超市进行调研，并结合调研完善表 2-4。

表 2-4 生鲜商品管理质量考核表

序号	商品名称	供应商资质资料	质检材料	商品批次、标号、出厂时间信息	运输途径、储藏方式
		□齐全 □缺失	□齐全 □缺失	□齐全 □缺失	□达标 □不达标
		□齐全 □缺失	□齐全 □缺失	□齐全 □缺失	□达标 □不达标
		□齐全 □缺失	□齐全 □缺失	□齐全 □缺失	□达标 □不达标

续表

序号	商品名称	供应商资质资料	质检材料	商品批次、标号、出厂时间信息	运输途径、储藏方式
		□齐全 □缺失	□齐全 □缺失	□齐全 □缺失	□达标 □不达标
		□齐全 □缺失	□齐全 □缺失	□齐全 □缺失	□达标 □不达标

（2）超市业态的服务要求与服装专卖店有哪些差异？

（3）超市业态环境卫生清洁的管理要求与服装专卖店有哪些不同？

附件 1

服务八步曲的标准及注意事项

第一步　亲切迎宾

一、仪容仪表：详见营运部基本制度——员工仪容仪表要求。

二、问候：

（一）微笑面对顾客，尽量做到放下手中的其他工作接待顾客为先。

（二）音量：距离顾客 3.5 米左右就应有口语，音量适中，吐字清晰，切忌叫卖吆喝。

（三）迎宾语：对顾客——欢迎语 + 品牌 + 推广信息（如新款上市、促销信息）。

对公司人员——问候您好、上午好、下午好。

三、站姿、站位：详见营运部基本制度——早迎、晚送规范标准。

四、指引（邀请）手势：五指并拢，手心向上，手臂稍稍抬起，小臂与大臂约成 90 度，另一只手自然放于体侧或背后。

第二步　关心顾客

一、安全距离：1.7 ～ 2.5 米为宜。

二、站姿：切忌倚、靠、双脚交叉。

三、（推荐）手势：标准同上。

第三步　产品介绍

一、导购熟知库存及商品陈列状况，为顾客介绍商品。

二、熟练掌握 FAB，使用中根据顾客类型灵活应用，切勿过多使用专业术语。

第四步　协助试穿

一、试穿流程：

（一）把衣服从衣架上拿下来，搭在手臂处，主动要求并使用邀请式手势指引顾客到试衣间试穿。

（二）轻敲门，确认无人后，开门，将货品准备好。

（三）把货品挂在试衣间内挂钩上，导购退后，请客人进试衣间，并为顾客关门，提醒顾客关好门并告知在外面等候。

（四）留意顾客走出试衣间并主动上前服务。

注意事项：

1. 手势（推荐商品、指引试衣间、试衣镜时）：标准同上。

2. 轻敲试衣门。

3. 对商品：

（1）解纽扣、开拉链或解拉锁等。

（2）递送商品，有多件试穿时将商品请搭于手臂、忌用手拎衣领。

4. 对衣架：

（1）取衣架方面（套衫）：从下方取。

（2）衣架如拿在手中不可摆弄、玩耍。

5. 导购员：

（1）店内顾客较少时，导购最好在试衣间外等候，便于随时为试衣间内的顾客服务。

（2）店内顾客较多时，导购留意试衣间内的顾客，便于随时服务。

（3）试衣对接语，使用礼貌用语。

（4）征得同意后帮助顾客整理试穿商品。

6. 提醒顾客保管好私人物品。

二、试鞋流程：

（一）拿三双鞋子：其中两双是不同尺码的鞋子，另一双为不同颜色的鞋子。

（二）采用蹲式服务，帮顾客系好鞋带，用手指按压鞋子的前端，检查尺码是否合适。

（三）建议顾客走一走，检查鞋子的舒适程度。

（四）留下顾客需要 / 可能选择的鞋盒保持打开。

（五）盖好不需要的鞋盒，检查是否为一双，并送回仓库。

（六）不要让鞋盒、包装纸和填充物散落在鞋凳周围。

注意事项：

1. 将鞋带穿好。

2. 将鞋内填充物拿出，忌鞋盒、包装纸和填充物散落一地。

3. 手势（推荐商品、指引试鞋凳时）：标准同上。

4. 征得同意后帮助顾客整理裤管。

5. 随时维护卖场陈列。

第五步　处理异议

一、参见顾客服务问答标准。

二、掌握基础知识，如面料有缺陷。

第六步　赞美顾客（灵活运用）

注意事项：

1. 忌使用方言、俗语。

2. 态度真实、言语得体、勿夸大其辞。

3. 充分地、善意地看到他人的长处，因人、因时、因地适当地赞美，恰如其分使用赞美语。例如：您说得没错，您搭配衣服真有品位；这件衣服更能衬托出您的身材；您真会选东西；您真有眼光。

第七步　附加推销（灵活运用）

注意事项：了解顾客需求，附加推销才能成功。在使用这一方法时，应注意以下几点：

1. 在结束了第一次销售之后，再向顾客建议购买其他商品，当顾客还在考虑第一次商品的购买时，一定不要向他建议购买新的商品。

2. 从顾客的角度进行附加推销，推荐的商品必须是能够使顾客获益的商品，这就要求导购在第一次销售介绍商品期间，细心倾听顾客的意见，把握顾客心思，才能比较容易地向顾客推荐能满足他们需要的商品，而不是简单地为增加销售量而推荐商品。

3. 有目标地推荐商品。例如：一位顾客买了一件新上衣，不要问他"您还需要什么东西"，而应说"最近新上一款裤子，您看这款和您的上衣相配吗"，这样或许能提醒顾客产生对裤子的需求。

4. 注意顾客的购物趋向（喜好、价位），忌超出顾客购买能力。

第八步　售后服务

一、售后服务：

（一）顾客档案：导购有针对性地选择顾客（例如：老顾客、一次性购买较多商品的顾客、关注及喜欢本品牌的顾客），登记顾客信息建立顾客档案。

（二）信誉卡：导购提醒顾客保留好信誉卡，作为退货凭证，避免顾客投诉引起争议。

（三）告知顾客商品保养及注意事项。

（四）包装前提醒顾客检查，确认商品，且保证外包装整洁无灰尘，并双手递送商品。

二、收银服务（导购员、收银员）：

（一）唱收唱付，双手递送小票、信誉卡、找零。

（二）送客：注意规范使用送客语及手势，参见迎宾语及指引（邀请）手势。

（三）提引顾客前往收款台。

任务二　品质管理的现场督查

任务目标

1. 善用 QSC 管理工具。

2. 对现场人员 QSC 管理工作表现进行精准评分。

任务描述

虽然品牌不同、产品不同、定位不同，QSC 的管理标准略有差异，但大部分是共性要求。请选择一家服装专卖店，对其进行 QSC 考核，针对现场考核发现的问题制定改进方案，以验证制定 QSC 的标准是否完善。

任务分析

QSC 考核前应了解任务一中表 2－1、表 2－2、表 2－3 等各 QSC 考核表中的考核项目，并掌握对应的基础信息。例如，考核员工的服务话术是否标准，就需要知道标准话术是什么；考核门店是否将服装类产品的新品进行主陈列，就要知道哪些为新品。

任务操作

操作步骤和关键节点如下。

步骤 1　现场督查准备

熟悉 QSC 考核表的考核项目和评分标准，了解相关信息。例如，需要检查货品出样是否齐全，就要了解店铺有多少 SKU，然后才能对出样情况进行精准的判断。

步骤 2　现场考核

结合 QSC 考核表中的项目对实训基地门店的商品品质、服务质量、清洁卫生进行现场考核，并按标准评分，得分填入任务一的表 2－1、表 2－2、表 2－3 中。

注意：考核过程不要干扰门店的经营秩序。

步骤 3　计算 QSC 考核得分

分别计算商品品质、服务质量、清洁卫生考核的达标率。以表 2－1 为例，其中供应商资质资料齐全的商品 M 种，该门店共有商品 N 种，那么该项目的达标率 =M/N × 100%。

商品品质考核达标率 = ________________________________

服务质量考核达标率 = ________________________________

清洁卫生考核达标率 = ________________________________

任务思考

进行现场督查之前都要掌握哪些信息？

任务三 品质管理的持续改进

任务目标

1. 分析 QSC 考核结果。
2. 制定 QSC 管理改进方案。

任务描述

根据上次任务中门店 QSC 考核评分情况，分析可以提升的点并制定改进方案。两家连锁门店在 QSC 考核中的得分在表 2－5 中，按照“任务操作”中步骤 1 的计算，将目标门店考核分数填入表 2－5，通过与目标门店的对比，给出改进提升建议。

表 2－5 考核评分汇总表

QSC 考核	门店 1	门店 2	目标门店
商品品质	100	98	
服务质量	98	96	
清洁卫生	96	95	

任务分析

QSC 考核结果分析有两个维度，一个是分析失分项目，进而找到需要改进提升的具体工作环节；另一个是横向对比分析，通过不同门店之间的比较，找到各门店的优势及劣势，有针对性地制定解决方案。

任务操作

操作步骤和关键节点如下。

步骤1 算得分

计算目标门店考核得分，并填入表2－5中。

商品品质得分＝______________________________。

服务质量得分＝______________________________。

清洁卫生得分＝______________________________。

步骤2 找共性问题

找出三个店铺的共性问题，并给出改进提升方案。

三个店铺都有的失分项目：______________________________。

改进提升方案：______________________________

____。

步骤3 找个性问题

找出三个店铺的个性问题，并给出改进提升方案。

门店1的失分项目：______________________________。

改进提升方案：______________________________

____。

门店2的失分项目：______________________________。

改进提升方案：______________________________

____。

门店3的失分项目：______________________________。

改进提升方案：______________________________

____。

任务思考

如何保证QSC工作标准真正落实到门店的日常经营管理工作中？

工作领域二 2 门店规章制度执行与管理

任务一　管理制度体系建立

任务目标

1. 分析管理制度建设目的。
2. 构建管理制度体系。

任务描述

W 服饰有限公司现有财务部、销售部，安迪总经理还规划设立物流部、市场拓展部、顾客服务部，为接下来的市场拓展、外埠开店、发展二级代理商业务做准备。但安迪通过对现有公司制度流程进行摸底后发现，公司此前借助行业增长的红利得以迅速发展，但这种“机会”随着行业的成熟一去不复返，公司想要发展壮大，必须规范管理。公司现有《考勤制度》和《财务报销制度》，请你帮助安迪分析还应补充哪些类型的制度。

任务分析

企业制度的建设与执行意义重大，管理制度是一种规范和约束，为企业的有序运营提供有力保障，是各部门协同工作的指引。因此企业管理制度建设应围绕着企业的经营管理过程展开。

任务操作

企业的管理制度应涵盖战略管理层面、企业文化方面、组织架构层面、业务流程层面，为了建立健全企业的管理制度，将企业的管理要素划分为五个方面，由此展开企业管理制度体系构建，其操作步骤和关键节点如下。

步骤 1 以管理要素为轴心的管理制度构建

以管理要素为管理核心，这种管理方式强调对经营要素的管理，这些生产要素包括人、财、物等，设立有人力资源管理、财务管理、设备及材料管理、技术管理等部门。

步骤 2 以经营流程为轴心的管理制度构建

以经营流程管理为管理轴心，这种管理方式将整个经营过程划分为不同的环节，重视环节的管理和衔接。例如：一般在经营中以生产线的设置为基础的企业，往往把流程作为自己的管理轴心，设立材料采供部、生产车间管理部、在库管理部等部门。

步骤 3 以 QCS 管理为轴心的管理制度构建

以质量管理为管理轴心，是将提高商品品质、服务质量、清洁卫生等体现“企业经营水平”的工作作为管理轴心。商品质量管理从供应商的选择就开始评估影响产品质量的因素，通过商品采购跟踪产品的质量。

步骤 4 以岗位管理为轴心的管理制度构建

以岗位管理为轴心是将企业的管理内容和管理对象主要体现在对岗位的设计上，对岗位的数量、职责、权力、利益、要求进行确定，然后按岗位择人，人员就岗后必须适应岗位的要求，服从岗位的管理，按岗位的职权利来办理，通过岗位设计将企业的工作设计、薪酬体系、绩效考核组织成科学的管理体系，以达到良好的管理效果。

步骤 5 以资源管理为轴心的管理制度构建

企业资源是指企业创造利益的最主要要素，例如服务型企业的最主要资源就是顾客资源，其管理轴心就是客户关系管理。以资源管理为管理轴心控制带来企业利益的关键要素，能有效防止管理失控。具体的管理方式有：资源全控方式，将核心资源全部掌握在最高管理者手中，如代理公司的品牌资源等；资源垄断方式，往往体现在对核心技术的垄断上，如注册商标、专利技术；资源高度集中方式，往往体现在财务管理上，企业通过财权的集中和监控掌握企业的管理核心；资源监控方式，企业对资源进行全方位的监控，使资源总是由企业控制；资源分解方式，企业将资源分解，使得各个分解部分只有合起来才能有效运作，例如有的企业将采购部分为战略采购部和战术采购部，战略采购部负责供应商的评估和选择，战术采购部负责具体商品的采购。不同的资源管理方式，采取的管理制度也不同，因此制定相关制度时要进行深入分析。

任务思考

管理制度建设过程中如何平衡企业和员工的关系。

任务二　管理制度制定

任务目标

1. 制定合法合规的管理制度。
2. 制定符合企业需求的管理制度。

任务描述

安迪完善了 W 服饰有限公司的管理制度体系后，各部门开始建设和健全相应的管理制度，附件 1 是人力资源部提交的考勤管理制度，安迪审阅后发现存在一定问题，请你帮助安迪修改、完善此项管理制度。

任务分析

企业的规章制度对于规范企业和员工的行为，树立企业的形象，实现企业的正常运营，促进企业的长远发展具有重大的作用。因此需要对其进行合法合规性、可行性、合理性、完善性、规范性进行审核。

任务操作

操作步骤和关键节点如下。

步骤 1 合法合规性审核

企业的管理制度要合法合规，依法制定的规章制度可以保障企业合法有序地运作。考勤制度涉及员工的工时、休假、加班等规定，必须符合《劳动法》的相关规定，因此首先进行合法性审核。用下画线标出有问题的内容，并给出修改意见。

步骤 2 可行性审核

企业的规章制度可以保障企业运作的规范性和有序化，并且要服务于企业的管理需要。有效的企业规章制度可以降低企业经营成本，而不应带来过多的衍生问题或造成过多的投入，因此需要进行可行性审核。用下画线标出有问题的内容，并给出修改意见。

步骤 3 合理性审核

规章制度可以防止管理的任意性，保护员工的合法权益；对员工来讲，服从规章制度比服从主管任意性的指挥更易于接受，制定和实施合理的规章制度能满足员工公平感的需要，因此还要进行合理性审核。用下画线标出有问题的内容，并给出修改意见。

步骤 4 完善性审核

有效的规章制度通过合理地设置权利、义务和责任，使员工能预测到自己的行为和努力的成果，激励员工为企业的目标和使命努力奋斗，因此需要进行完善性审核。用下画线标出有问题的内容，并给出修改意见。

步骤 5 规范性审核

规章制度作为重要的企业内部文件，其格式、排版、序号和标点符号的使用应规范、统一。用下画线标出有问题的内容，并给出修改意见。

任务思考

企业的规章制度要产生法律效力，需遵循哪些原则？

附件 1

W 服饰有限公司考勤制度

一、概述

考勤管理是对员工的排班安排及实际出勤情况的跟踪及监督，包括排班、加班、补休、假期申请等的跟踪及管理。科学、合理的考勤工作是各部门正常运行的基本保证，也是人力资源部监督各部门员工出勤情况并以此为依据计算工资的有力工具。

二、程序

人力资源部及时（产生异动情况后的一个工作日内）根据办公室人员异动情况（包括员工的入、转、升、离等情况）更新考勤卡；办公室人员每周日休息，涉及周一报表的人员每周六休息，如遇以下原因可以申请串休：商场活动、新店开业前 8 后 7 的 15

日内需跟店、特卖，但所有串休必须于当月串休完毕，月末归零不累计。

部门填写排班表交至人力资源部。

部门应在该排班表生效的五个工作日前将排班表交至人力资源部，例如2020年4月1日至4月30日的排班表应当在3月25日前交至人力经理处。当月未按要求提交排班表的区，经通报上级主管或经理；被连续通报两个月的品牌，主管/经理绩效减5分。

部门每次排班应当与考勤周期相同，即从每月1日排至当月最后1日，从而保证人力的合理、有效配置，并保证排班的合理性、公平性。

部门负责人、部门经理应在排班表上签名确认。

人力资源部审核排班表：排班表上必须有制表人、部门负责人、部门经理的签名，表头必须填写齐全。

排班表内必须填写由人力资源部统一发布的班次代码表，且注明班次代码所代表的工作时段。

店铺排班工时控制的范围为：每人每月不少于200小时、不高于220小时（上两天休一天），上下午倒班为180～200小时。

填写排班表时员工姓名必须按照员工身份证姓名填写。

人力资源部审核排班表如存在问题，则将排班表返回部门重新排班，经人力资源薪资福利专员审核无误的排班表将汇总至人力经理复核。

人力资源部将排班表原件存档，并根据排班表抽查考勤。

若部门有排班调整，应在调整前将新排班表交至人力资源部；如有临时加班，经区域经理审核后报人资部审批，审批后由店长将加班人员、事由、加班时间填写在加班明细，汇总后填写在加班汇总表，再由店长签字确认、区域经理审核签字，随工资表一起交至人力资源部。加班缘由如下：每月1次盘点、大批到货、返货、商场活动、人员编制不足并且其他员工月工时已满220小时。因员工本职工作或销售任务没有完成而延长的工作时间等问题，一律不计算在加班内；当日加班不足整个小时（如0.5小时）不计为加班。基础日薪，店长为40元/天，店铺其他员工为35元/天；基础时薪，店长为5元/小时，店员4元/小时。法定假日双薪按当日所在班次核算，经公司批准出勤超8小时部分按加班核算。

员工串休、休假等情况，须在事前填写请假审批表并按照休假审批流程进行审批后执行（所有休假均不得越级申请：紧急情况需电话请示部门经理同意，由部门经理将此信息反馈至人力资源部，并在考勤表中标注，补填请假审批表，一律不接受个人电话请假），如公司检查无请假审批表或未经审批的情况，一律视为旷工。

串班：原则上员工周六日不允许串班，如有特殊情况要串班，须提前两天向店长申请，其他时间串班需提前一天向店长申请，店长提报区域经理经人力资源部审批后，店长可在店内安排，并在排班表上注明更改原因。小时假不予串休。与他人串班须注明换班时间且不能与本人当日班次时间重叠。

病假：员工病假需提供县级以上正规医院开出的证明；病假期间不享有其他福利待遇及休假期间的销售提成。病假一天的扣款为：员工底薪/排班天数 × 实际出勤天数，绩效为：按整月实得金额 / 排班天数 × 实际出勤天数。员工病假 3 日以上减任务额，紧急情况须在离岗 2 日内上交医院证明，否则可视为员工旷工。旷工自离岗之日算起。

事假：员工有特殊情况需请事假，须提前两天向主管领导请示，待批准后方可休假，事假期间不享有其他福利待遇及休假期间的销售提成。事假一天的扣款为：员工底薪 / 排班天数 × 实际出勤天数，绩效、补助等为：按整月实得金额 / 排班天数 × 实际出勤天数；员工事假任务额不减。

年假：入职满一个自然年的员工可享有 7 天有薪年假，休假期间不享有当天餐补及交通补助；年假需提前两周申请，待公司领导批准同意后方可休假，员工请年假应避开销售旺季，且不可连休、连接串休、法定假日。如当年因工作原因未休年假者可在享受下一年度年假之前给予未休年假天数的底薪，计算方法为：底薪 / 月平均工作日 × 未休的年假天数；店员年假连续 3 日以上减任务额。

员工每日根据排班表班次安排，到店在考勤表签到，并需本人签到，店长监督核实后签字确认。月末员工本人核对个人出勤情况并签字确认；店长每日根据排班表班次安排，到当月商场考勤值班店铺签到，由当月考勤值班店长监督签字确认。签到时间为本人到店、离店准确时间。

各部门店长根据部门排班表结合员工实际出勤情况，确认考勤表真实性，员工本人签字，确认经直属上级、部门经理签批后，将考勤表随工资表一起交至人力资源部。缺员工本人签字的，该部门领导处罚款 2 元 / 处。

人力资源部复核部门提交的工资核算情况与考勤表是否统一，第一次发现视为工作失误，退回部门由部门经理解释原因，修正考勤表，连同补齐的各类考勤资料一同再交人力资源部复核，部门承担由此引发的工资延迟发放等事项的责任。第二次发现视同虚报数据，公司通报批评一次，部门相关管理人员当月绩效减 5 分。

各类缺勤包括请假但未交请假单的，都需做相应记录并反映在工资中。

对电话沟通请假但未交假单的，在工资计算时作为无薪假扣薪处理，补交假单后再补发所扣工资（税前调整）。

办公室未刷上班卡或未刷下班卡，无合理解释的且无部门负责人签卡的，作为旷工半天扣薪处理。

店员本人未在考勤表签到的当日 1 次视为脱岗半日、2 次视为旷工 1 天，店长未监督核实签字的 1 次扣绩效 1 分、2 次扣 2 分，累加；店长本人未在考勤表签到的当日 1 次视为脱岗半日、2 次视为旷工 1 天。当月考勤值班店长未监督核实签字的 1 次扣绩效 1 分、2 次扣 2 分，累加。考勤值班店长出勤由店内管理监督并签字确认。区域经理、人力资源部监督考勤的义务。区域经理负责店铺每月至少 4 次 / 家，人力资源部抽查至少每月 1 次 / 家。少抽查一家扣当月绩效 0.1 分。

无故迟到或早退两个小时，按旷工半天处理；无故迟到或早退四个小时，一律按旷工一天处理，扣除旷工薪资，并给予书面警告处分。

在一个月内无故迟到或早退两次，公司将给予口头警告处分；三次以上（含三次），公司将给予书面警告处分；达到五次公司将给予最终警告。

迟到 / 早退：办公室员工每日上班迟到或早退 10 分钟之内扣除 10 元；10 ～ 20 分钟以上扣 20 元；以此类推，每超过 10 分钟多扣 10 元罚款。每月连续迟到或早退三次（含三次）以上另外扣发 100 元，以此类推，六次以上（含六次）扣发半月工资。店铺员工迟到当月全勤奖归零，当月迟到两次以上（不包含两次）的每迟到 10 分钟，扣款 10 元，以此类推。

旷工除当月全勤奖归零外，一天减薪 100，两天减薪 300，三天当月工资归零；早退、脱岗除当月全勤奖归零外，一次减薪 50，两次减薪 100，三次减薪 200，以此类推。迟到 50 分钟以上按脱岗处理、脱岗 6 小时以上按旷工处理。

公司电话抽查岗：公司配卡电话应保障随时畅通，一次未通扣 20 元，上交财务；并且店长绩效扣 2 分。如本人电话也不通按脱岗处理。

考勤周期结束时，人力资源部将各部门上交的考勤表、加班明细表、排班表、考勤卡、请假审批单等原始考勤单据以部门为单位按月存档备查，作为工资计算支持资料的一部分。

考勤卡作为人力资源重要文件资料之一，需妥善保存及保密，员工不得将考勤卡带出商场，不得将考勤卡复印，人力资源部也不得将考勤卡交给员工本人保管。

办公室打卡要求：

* 员工每月出勤情况以考勤卡记录为准，每人每月一张卡，员工上下班自行打卡，不允许代打卡。如发现代打卡行为，对当事人及代打卡人按每次每人 100 元罚款处罚（口头警告一次）；如上班期间外出，须在前台填写外出登记表作为人力资源查岗的依据，如未填写按脱岗处理。

* 员工早上有公事需办理须提前一天向人力资源部说明，由人力资源部负责记录。

* 上班直接巡店，需提前一天告知人力资源部（如未提前告知不计巡店频率），并在到店第一时间用店内电话致电人资部，回到公司后打卡确认到岗时间。员工下午巡店超过 18: 00 后可以在专柜直接下班，但要请店内工作人员在巡店登记表上注明实际离店时间。人力资源部负责不定时电话或实地抽检巡店人员到店及离店时间，如有不符，按旷工处理。（一次不符给予口头警告，两次不符给予终极警告并附加处罚）

各类假期审批流程：

所有休假必须按以上要求进行审批，当天用短信或电话请假，一律视同不遵守公司规定按旷工处理。特殊情况补假：需员工本人在次日上班时补填请假审批表（注明理由），并由部门待批准后出具书面情况说明，人力资源部核实情况无误，经总经理审批可作为考勤记录，以备核查。

三、生效日期

本规定自 2020 年 7 月 1 日起正式生效。本规定作为公司原有规定的升级，所有员工参照此规定严格执行。自本规定生效之日起，以往公布的制度或规定与此规定不符的以此为准。本管理规范与公司各项制度流程密切相关，故将随相应制度流程的不断完善而修订。

任务三 制度实施和考核

任务目标

1. 制定制度实施方案。
2. 跟踪制度考核结果。

任务描述

上一个任务中完善了 W 公司的考勤管理制度，接下来应如何确保该制度的有效执行呢？请帮助安迪进一步落实推进该制度的实施和执行，并采取有效的措施跟踪效果。

任务分析

首先，企业的规章制度要符合法律规定，制定时要遵循三要素原则：内容合法，程序合法，告知员工，简称“两合法一告知”。

其次，企业管理制度的执行不是某一个部门或某一个岗位的责任，而是各相关部门协作配合共同实现的。因此管理制度的落实执行情况体现了一家企业的团队合作和执行力，因此应明确各部门在制度执行过程中的职责。

最后，奖罚分明促执行，制度的生命力在于执行。制度一旦建立就必须不折不扣地执行，维护制度的权威性，否则再好的制度也是形同虚设。在一定意义上，执行制度比制定制度更重要。执行制度实际上是排除执行干扰、解决制度梗阻的问题。

任务操作

操作步骤和关键节点如下。

步骤 1　两合法一告知

保证程序合法，分析应采取何种方式告知员工新的考勤制度。

步骤 2　分工授权

分析负责制度执行的相关部门和关键管理岗位。以考勤管理制度的落实为例，需财务部明确加班、缺勤的薪资标准，需行政部统一印制考勤管理工具表格。各部门有专人进行考勤管理、人力资源部有专人汇总和监督管理情况。

步骤 3　制定实施计划

协同相关部门、岗位制定实施计划。

步骤 4　制定考核标准

协同相关部门制定考核标准。

步骤 5　跟踪执行

跟踪执行情况，明确奖惩方式，例如，很多公司设置全勤奖，嘉奖遵守考勤规定的员工，对于违反规定的员工则有相应处分。但在处分员工时要注意方式、流程应合理合法，员工若有违纪情况，店铺负责人会根据事情的轻重给予该员工不同类型的警告单，并由部门主管确认后将警告单交至人力资源部存档，并由人力资源部发布“处罚通告”。参见以下流程：

1. 当日报备《员工（违纪 / 绩效）改进通知书》，见附件 1。

2. 填写员工违纪单，并提交人力资源部审批。

附件 1

W 服饰有限公司

员工□违纪　□绩效改进通知书

员工姓名　　　　　　　　　　**工号**

职务 / 职位　　　　　　　　　**部门 / 店铺**

过失 / 违纪行为（包括但不限于下列情况）

□迟到早退	□未穿工服 / 佩戴工牌	□工作时间聊天
□旷工	□工作时间浏览无关网页 / 打游戏	□工作时间营业区域使用手机
□对顾客无礼行为	□对同事不礼貌，影响团结	□未执行公司市场营销活动
□消极怠工	□不服从公司 / 上级的工作安排	□提供不真实个人资料 / 信息
□聚众闹事打架斗殴	□篡改 / 伪造公司文件 / 单据	□利用公司资源牟取私利
□故意损坏公司财物	□工作效率低（质量 / 准确性等）	□其他（请详述）＿＿＿＿＿＿
□擅自挪用公司公章 / 财务	□泄露公司机密	＿＿＿＿＿＿＿＿＿＿
□偷窃行为	□在禁区吸烟	＿＿＿＿＿＿＿＿＿＿

详细叙述过失 / 违纪行为（包括但不限于日期、时间、地点等，可另附页）：________
____
____。

绩效改进计划（详细改进 / 跟进 / 考评计划等，可另附页）：____________
____
____。

员工本人签名 ________________ **联署人签名** ____________________

日期 ____________________ **日期** ____________________

（如果员工拒绝承认上述事实，将由其部门经理和另一名对事实知情的员工，作为联署人在本通知书上签名，以证明本通知书属实）

部门主管 / 经理签名 ____________________

日期 ________________________________

人力资源部处理决议

□提醒劝导 □口头警告 □书面警告 □辞退

人力资源专员签名________________ **人力资源经理签名**____________________

日期__________________________ **日期**____________________________

注意：（1）门店填写的内容，描述时尽量言简意赅，仅仅描述事情实际情况即可。

（2）需要本人签名和店铺负责人签名，如果员工本人不愿意签名，需要其部门经理和另一名对事实知情的员工在“联署人签名”处签名。

（3）员工签名后需要将原件交回到人力资源存档。

（4）店铺负责人在上交违纪处罚决定前会先告诉员工违反了什么纪律，属于哪类警告，最后给员工什么处分由人力资源部商议后决定，并需要营运经理和人事经理签字确认后方可生效。

3. 事件调查及处理意见沟通。

4. 查收最终处理结果。

5. 打印书面警告单，请员工签字确认，见附件 2。

附件 2

W 服饰有限公司书面警告单

员工____________ 工号__________

鉴于你于________年____月____日，因个人原因导致上班迟到 60 分钟，你的上述行为妨碍了店铺的正常营业，给公司的品牌形象带来了负面影响。

鉴于此，按照《公司考勤制度》《员工守则》中的相关规定，经公司总经理办公会讨论决定，给予你书面警告一次。

希望你在今后的工作中加强时间意识，提升责任心，杜绝此类事件的再次发生。

特此通知

W 服饰有限公司

年　　月　　日

员工签名：

日期：

任务思考

如何平衡制度管理的严肃性和人性化。

工作领域三

3

培训的执行与管理

任务一 培训计划与实施

任务目标

1. 制订培训计划。
2. 实施培训。

任务描述

W 服饰有限公司新一年度的培训预算为 20 万元，表 2－6 是 W 公司各部门提报的下一年度培训需求，其中面向一线员工的技能型培训需要根据考核结果，每三个月强化培训一次。W 公司新的管理制度预计于本月完成公告程序，将于明年 1 月 1 日正式实施，因此 W 公司拟对现有所有员工进行制度培训，课时设置为 4 课时。此外，根据 W 公司下一年度发展计划来看，各月新开店铺会增加大量新员工，因此新员工培训改为每月一次。请结合上述信息帮助 W 服饰有限公司编制年度培训计划填入“任务思考”的表 2－7 中，并根据培训计划确定需要准备的事项和物品。

任务分析

培训计划是按照一定的逻辑顺序排列的记录，它是从组织的战略出发，在全面、客观的培训需求分析基础上做出的对培训内容、培训时间、培训地点、培训对象、培训方式和培训费用等的预先系统设定。

任务操作

制订培训计划的步骤和关键节点如下。

步骤 1 确认培训与人力发展预算

制订培训计划工作的最佳起点是确认企业将有多少预算分配于培训和人力发展。在不确定是否有足够的经费支持的情况下，制订任何综合培训计划都是没有意义的。通常情况下，培训预算都是由企业决策层决定的，但是人力资源部应该通过向决策层呈报为培训投资的“建议书”，说明为什么企业应该花钱培训，企业将得到什么回报。人力资源部需要管理的是培训预算被有效地使用，并给企业带来效益。

步骤 2 分析员工培训需求

分析、收集所有的培训需求，可征求各部门的建议。

步骤 3 制订课程需求单

根据培训需求，列出一个单子，上面列明用来匹配培训需求的所有种类的培训课程。这可能是一个很长的清单，有针对少数员工的个性化的培训需求，也有许多人都想参加的共性化的培训需求。

步骤 4 修订符合预算的清单

企业经常会遇到的情况是总培训需求量超出培训预算。在这种情况下，企业需要进行先后排序，并决定哪些课程将会实施而哪些课程不会。最好的办法是咨询部门经理，请他们说一说哪些培训是最重要的；哪些课程可能对参训员工绩效产生最积极的影响，进而提升公司的总体业绩。如果某些培训需求暂时无法安排，提出该需求的员工应该得到回应，应充分考虑是否有任何其他方式来满足需求，例如通过岗位传帮带或者轮岗去完成知识传递。

步骤 5 确定培训的供应方

当企业有了最终版的课程清单，就需要决定如何去寻找这些培训的供应方。首先是决定使用内部讲师还是聘请外部讲师。内部讲师的好处是成本较低，而且有时比外部讲师优秀，因为内部讲师更了解组织现状和流程。然而，有时在企业内部无法找到讲授某个课程的专家，这时就必须寻找外部讲师。

步骤 6 制订和分发开课时间表

制订一份包含所有培训计划的开课时间表，列明开课的时间和地点。通常提前两或三个月通知培训报名，以便参训人可以安排好他们的时间表，可以在培训日时有时间参加。很常见的情况是，一些参训者在最后一刻不参加培训，所以要有备选学员可以候补空余的培训名额。

步骤 7 培训保障

培训的后勤保障需要确保：培训场地和所有的设备和设施，如活动挂图、记号笔、投影机等。

任务思考

在培训计划制订的过程中，怎样协调公司重大活动与培训安排，重大活动包括五一、十一等重大节日期间各部门全力投入的促销活动等。

表 2－6 W 服饰有限公司培训需求表

序号	培训项目名称	培训对象	人数	课时	时间	培训提供者	培训形式	费用（RMB）	备注
1	门店安全准则及店面形象管理	店长、储备店长	15	4 课时	2 月	陈列部	线下	0	
2	仓库管理	初级导购	100	4 课时	2 月	营运部	线下	0	
3	团队建设	店长	100	4 课时	2 月	人力资源部	线下	0	
4	服务百分百、FAB	初级导购	20	4 课时	3 月	店长、门店教练	线下	0	
5	产品知识	货品主管	5	8 课时	3 月、6 月、9 月、12 月	品牌公司	线下	4 000 元 / 人	
6	产品知识	导购	250	8 课时	3 月、6 月、9 月、12 月	货品主管	线上	0	
7	会员管理	中级导购	80	4 课时	4 月	营运部	线下	0	
8	陈列进阶	高级导购	50	8 课时	5 月	陈列部	线下	0	
9	服务进阶训练营	各部门管理人员、店长、储备店长	80	16 课时	7 月	营运部	线下	100 元 / 人	
10	零售数据分析	各部门管理人员、店长、储备店长	50	8 课时	8 月	×× 咨询公司	线下	10 000 元 / 次	
11	顾客服务	各部门管理人员	50	4 课时	7 月	人力资源部	线下	0	

表 2－7 W 服饰有限公司年度培训计划

序号	申请部门	培训项目名称	培训目标	培训对象	人数	周期	总学时	时间	培训提供者	预算（RMB）	培训形式	培训效果评估跟踪方案

编制：　　　　　　人力资源经理审批 / 日期：　　　　　　总经理审批 / 日期：

任务二　培训效果评估

任务目标

1. 制定培训效果评估方案。
2. 评估培训效果。

任务描述

W服饰有限公司为了提升门店运营质量，建立了门店带教＋培训的模式。所谓带教（On the Job Training，OJT），就是在工作现场内，店长或者技能娴熟的老员工针对新员工或者准备上升到另一个级别或职级的老员工，通过日常的工作，对必要的知识、技能、工作方法等进行带教的一种培训方法。这样做的好处是让受培员工能熟练而出色地做好自己的工作，提高门店的整体工作效率；促进每位员工的个人能力成长；通过指导别人，负责培训的人自己也会获得能力提高。

带教基本方法分为一对一带教和团队带教两种方式。在不同情况下，新员工都可以很好地掌握销售技巧，并且按照公司运营要求标准进行操作。具体方法：一对一带教流程如图2－1所示，团队带教流程如图2－2所示。

图2－1　一对一带教流程

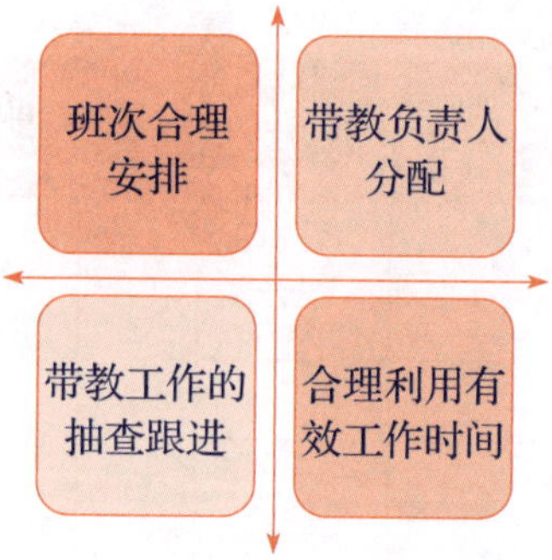

图2－2　团队带教流程

带教的考核周期是按照学段要求进行考核，学段要求会写明在周期内应该掌握的事项，新员工及带教只需按照此要求进行即可，如表2－8所示。

表 2－8　带教计划表

学段	章节	考核	培训地点
学段一： 基础知识 服务八部曲	1. 基本概况	第一、二周内完成	店铺
	2. 基本奖金制度		
	3. 基本服务		
	4. 门店安全准则及维持店面形象的方法		
	5. 基础收银		
	6. 仓库管理		
	7. 产品知识		
	8. 会员管理		
	9. 次品、调拨及维修的操作流程		
	10. 开 / 闭店流程		
学段二： 店铺工作流程	11. 基础陈列知识	第三、四周内完成	
	12. 税控机的使用		
	13. 基础数据分析		
学段三： 技能升级培训 店铺管理流程	14. 销售高手训练营	第五至八周内完成	公司
	15. 高级数据分析		
	16. 人事制度		
	17. 财务制度		
	18. 带教流程		
	19. 盘点流程		
	20. 目标分解		

表 2－9 是对 W 品牌旗舰店新员工林娜的销售与服务能力的评估结果，表 2－10 是该店“销售高手训练营培训”结束后所有员工的培训前后销售对比表。请思考应从哪些维度评估带教＋培训的效果，并结合上述信息和资料、结合现有情况，对该店的带教＋培训进行评估。

表 2－9　销售与服务能力评估表

评估者：CC　日期：5 月 15 日　时间：10: 20　导购姓名：林娜			
评分：各环节按达成情况计分，例如：打招呼环节有 5 个考核点，其中 4 项的考核结果为“是”，得分即为 4/5 × 100=80 分。总评为各环节平均分。分数四舍五入取整。			
打招呼　　总评分：80			
1	导购是否在恰当的时机与顾客打招呼	是☑	否☐
2	导购是否与顾客有目光接触	是☑	否☐
3	导购是否面带微笑，看起来亲切、友善	是☑	否☐
4	导购是否看起来自信	是☑	否☐
5	导购是否给顾客充分的时间和空间看货品（不是紧跟，而是边整理卖场，边关注顾客）	是☐	否☑
长处或不足之处：态度热情、精神面貌好。注意留给顾客适当的空间。			
试衣细节　　总评分：83			

续表

A 店内不忙，一名导购完全有时间服务一名顾客时：			
1	是否将顾客要试的衣服小心地搭在手臂上	是☑	否☐
2	是否将顾客带领到试衣间门口	是☑	否☐
3	是否为顾客解开衣服的纽扣或拉开拉链	是☑	否☐
4	是否为顾客挂上试衣间的门帘或关上门	是☐	否☑
5	是否告诉顾客她的姓名，以及她将在试衣间外等候	是☑	否☐
6	是否在顾客试穿即将完毕的时候，询问你衣服的尺码是否合适	是☑	否☐
B 店内很忙，一名导购要照顾几名顾客时：			
1	是否有礼貌地为顾客指引试衣间的方向	是☐	否☐
2	是否告诉顾客如有任何要求请告知	是☐	否☐
走出试衣间	总评分：100		
1	当顾客走出试衣间时，是否先帮助整理衣物	是☑	否☐
2	是否询问“您感觉如何”这一类话术来发现顾客的感受	是☑	否☐
3	如果顾客喜欢，对顾客的夸赞是否恰当、发自内心（绿叶衬红花？顾客是红花）	是☑	否☐
4	如果顾客不喜欢，是否能耐心找出不喜欢的原因，并重新搭配推荐	是☑	否☐
长处或不足之处：服务专业，彬彬有礼。赞美顾客的话术需进一步精炼。			
成交建议	总评分：100		
1	如果顾客不想购买，是否询问不买的原因	是☑	否☐
2	态度是否依然亲切？是否微笑地送顾客离开？并告知“欢迎你再回来”	是☑	否☐
3	是否尝试着送一本画册给并无购物的顾客	是☑	否☐
售后	总评分：83		
A 店内不忙，一名导购完全有时间服务一名顾客时：			
1	是否与顾客一起查看货品	是☑	否☐
2	是否主动再次强调衣物的洗涤说明	是☑	否☐
3	是否再次肯定了顾客的购买决定（赞美顾客）	是☐	否☑
4	是否推销自己，如“以后请还来找我买我们家衣服”等	是☑	否☐
4	是否赠送一本画册	是☐	否☐
5	是否尝试留下顾客的联系方式，如电话	是☑	否☐
7	是否欢迎顾客再次光临，有针对性说“周末愉快”等	是☑	否☐
B 店内很忙，一名导购要照顾几名顾客时：			
1	是否快速与顾客一起查看货品	是☐	否☐
2	是否赠送一本画册	是☐	否☐
3	是否有送宾语	是☐	否☐
长处或不足之处：成交建议环节已赠送画册，因此未重复考核。再次赞美顾客尽量围绕顾客的选择、判断、审美展开。			
总体评价	总评分：89		
服务流程掌握较为熟练，但赞美顾客的话术需进一步提升。			

表 2-10 培训前后销售对比表

日期	培训前一个月			培训后第一周			培训后第二周			培训后第三周			培训后第四周			培训后一个月汇总		
	7月1日	至	7月31日	8月1日	至	8月7日	8月8日	至	8月14日	8月15日	至	8月21日	8月22日	至	8月28日	8月1日	至	8月28日
姓名	销售总额	销售天数	日平均销售额	销售总额	销售天数	日平均销售额	销售总额	销售天数	日平均销售额	销售总额	销售天数	日平均销售额	销售总额	销售天数	日平均销售额	销售总额	销售天数	日平均销售额
莉莉	28 900	26	1 112	8 066	7	1 152	1 947	3	649	5 944	5	1 189	18 419	5	3 684	34 376	20	1 719
杨柳	27 600	26	1 062	6 920	7	989	2 484	3	828	5 825	5	1 165	19 443	5	3 889	34 672	20	1 734
方园	28 300	26	1 088	6 920	7	989	1 994	3	665	5 825	5	1 165	6 593	5	1 319	21 332	20	1 067
吴娜	25 632	26	986	5 165	7	738	2 436	3	812	7 305	5	1 461	6 593	5	1 319	21 499	20	1 075
孙晶	19 050	20	953	8 066	7	1 152	1 994	3	665	5 944	5	1 189	6 593	5	1 319	22 597	20	1 130

任务分析

企业希望培训投资尽可能有效，就像任何其他的投资，企业都应该评估培训取得的结果。培训效果评估是员工培训中的最后一个环节。评估结果将直接作用于培训课程的改进和讲师调整等方面。

任务操作

培训效果评估有四个方面，具体步骤和关键节点如下。

步骤 1　第一层评估——反映层面

这层评估主要是考核受训人员对培训讲师的看法，培训内容是否合适等。这是一种浅层评估，通常是通过设计问卷调查表的形式进行。最明了的方式是让参训人员上完每门课程后都填写课程评估表格。所有评估表格都作为对讲师的授课质量检查。有持续好评代表这门课程取得了成果，如有持续差评的课程，就要利用这些数据来决定需要改变的方面，如内容、持续时间或讲师等，对课程进行优化提升。请在空白处进一步完善《培训满意度调查问卷》。

培训满意度调查问卷

一、课程组织评价

1. 您认为此次培训的课程设置是否合理（　　）

A. 非常合理　　B. 合理　　C. 还行　　D. 不合理　　E. 很差

2. 您认为讲师的授课技巧如何（　　）

A. 非常高　　B. 很高　　C. 一般　　D. 不怎么样　　E. 很差

3. 您认为讲师的课件制作水平如何（　　）

A. 非常高　　B. 很高　　C. 一般　　D. 不怎么样　　E. 很差

二、课程内容评价

1. 今天的课程您都听懂了吗（　　）

A. 完全理解　　B. 一部分理解　　C. 完全不懂

2. 除了今天的课程你还想学习哪些课程（　　）

A. 企业文化　　B. 业务技能　　C. 产品知识　　D. 素质提升

____

____。

步骤 2　第二层评估——学习层面

这层评估主要是检查参训人员通过培训掌握了多少知识和技能。可以组织参训人员在培训之后举行一个培训小结会，反馈他们将如何运用所学到他们的工作中。这是一个非常有效的方法。也可以通过书面考试或撰写学习心得报告的形式进行检查。

带教的考核形式分为两种，一种是店长抽查的方式，是带教者在给学员带教时使用的实时跟进的有效工具，店长可根据学员的学习进度进行相应的抽查打分。另一种是营运部抽查的形式，是运营部的同事不定期到店铺进行抽查打分。表 2-11 是考核学员在第一周带教成果的表格，结合此表的打分你觉得带教的成效如何？并说明理由。

____

____。

表 2-11 带教考核表

期限	基本情况介绍	需掌握程度	带教日期	学员签字	带教签字	店长检查日期	店长打分
第一周内完成	1.1 公司概况介绍						
	1.1.1 公司成立时间、拥有品牌	了解	6.1	吴娜	莉莉	6.2	10
	1.1.2 W 品牌目标客群	了解	6.1	吴娜	莉莉	6.2	10
	1.1.3 公司文化	了解	6.1	吴娜	莉莉	6.2	10
	1.2 店铺基本情况						
	1.2.1 店铺地址	了解	6.1	吴娜	莉莉	6.2	10
	1.2.2 店铺代码及店铺人员基本信息	了解	6.1	吴娜	莉莉	6.2	10
	1.2.3 店铺数量	了解	6.1	吴娜	莉莉	6.2	10
	1.2.4 店铺的营业时间和工作时间	掌握	6.1	吴娜	莉莉	6.2	10
	1.3 个人卫生与形象						
	1.3.1 妆容的要求与标准	掌握	6.1	吴娜	莉莉	6.2	10
	1.3.2 发型的要求与标准	掌握	6.1	吴娜	莉莉	6.2	8
	1.3.3 制服的要求与标准	掌握	6.1	吴娜	莉莉	6.2	10
	1.3.4 饰品佩戴的要求与标准	掌握	6.1	吴娜	莉莉	6.2	10
	1.3.5 仪态	掌握	6.1	吴娜	莉莉	6.2	10
实操反馈： 学习能力强，且执行力强。发型在休息日进行调整。							

步骤 3 第三层评估——行为层面

这层评估关心的是参训人员通过培训是否将掌握的知识和技能应用到实际工作中，提高工作绩效。此类评估可以通过绩效考核的方式进行，表 2-9 就是典型的行为层面评估表。以林娜的考评结果为例，你觉得培训的效果如何？此后培训中需要强化的重点是什么？

____

____

____

____。

注意：行为评估需要对所有参训人员进行考评，这样得出的分析结果才具有客观性。

步骤 4　第四层评估——结果层面

这层评估的核心问题是培训是否对企业的经营成果产生了影响，这是一个企业组织培训的最终目的，也是培训评估最大的难点。因为对企业经营结果产生影响的不仅仅是培训活动，还有许多其他因素都会影响企业的经营结果。表 2－10 即为结果层面的评估表，请通过对员工参培前后的销售数据对比分析，评估培训效果。

____

____

____

____。

步骤 5　评估结论

依据上述分析，你对 W 公司的带教＋培训的成效是如何评价的？

任务思考

根据培训效果评估结果去优化培训属于事后跟踪，在培训实施的过程中是否有可以提升效果或保障结果的方法呢？

模块三

门店基础操作

知识导图

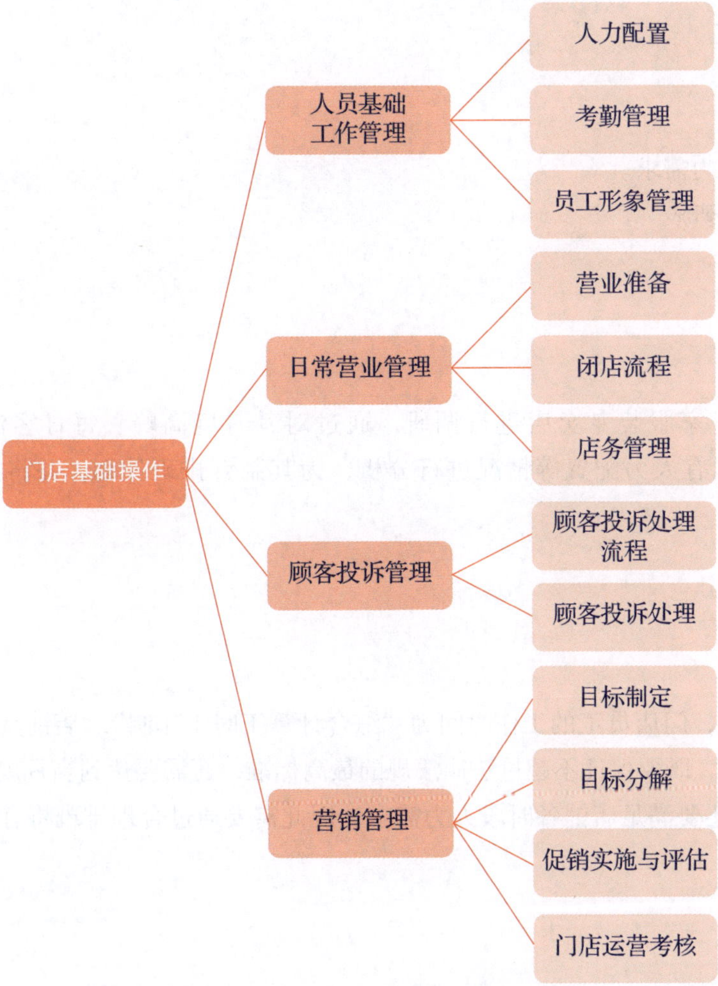

工作领域一

1

人员基础工作管理

任务一　人力配置

任务目标

1. 分析人力需求。
2. 制订排班表。

任务描述

请选择一家服装专卖店进行调研，通过对其月度高峰、每日客流高峰时段的人力需求、现有人力配置等情况进行分析，为其制订排班计划，并将排班情况填入表 3－1。

任务分析

一般来说，门店员工的工作时间为“综合计算工时工作制”。店铺具体排班时的实际工作小时数，既要保证不超过法律法规的最高标准，还需要达到当月规定的“应工作时数”，同时还要满足店铺各时段人力需求，因此需要通过合理排班将有限的人力资源最大化。

表 3－1 ________年__月__________专柜排班表

专柜营业间：　　　　　　　每天最旺时间：　　　　　　　当月最旺日期：

序号	日期 姓名	1	2	3	4	5	6	7	8	9	10	11	12	13	14	15	16	17	18	19	20	21	22	23	24	25	26	27	28	29	30	31
1																																
2																																
3																																
4																																
5																																
6																																
7																																
8																																
9																																
10																																
12																																
13																																
14																																
15																																

填表说明：请将周六 / 周日及特殊化日期以阴影标示，并于每月 1 日之前，上交品牌主管及人力资源经理以备审核；另外，原则上员工周六日不允许串班，如有特殊情况要串班，须提前两周向店长申请，其他时间串班需提前两天向店长申请，店长批准后，可在店内的排班表上修改。

注：（填写时间）　A　早班：________ 至 ________ 工作小时数：________　　C　中班：________ 至 ________ 工作小时数：________

　　　　　　　　　B　晚班：________ 至 ________ 工作小时数：________　　D　全班：________ 至 ________ 工作小时数：________

制表人：　　　　　　　　审核人：

任务操作

操作步骤和关键节点如下。

步骤 1　人力需求分析

（1）了解店铺人员需求（最少及最多的需求）。

（2）了解每日销售情况（前 3 周）。

（3）订出每日上班人数。

（4）参考时段报表安排中班的时间段。

（5）结合收货及盘点等营运需求调整早晚班人数。

步骤 2　结合人力需求排班

（1）根据店铺有效人数选取班制。

（2）首先将特殊人员班表排定，如申请培训、会议、节假日。

（3）其次排职能人员的班，如收银、陈列、库管等。

（4）最后再排店员班表。

（5）核对早晚班人数是否满足需求。

（6）复核工时是否在标准范围内。

步骤 3　跟进

（1）临时请假要及时修改班表。

（2）邮件报备营运部。

任务思考

如遇重大促销活动，现有人员无法满足人力需求，应如何处理呢？

任务二 考勤管理

任务目标

1. 掌握考勤管理重点。
2. 总结改进考勤管理。

任务描述

由于 W 服饰有限公司是收购了一家经营情况良好但管理不够规范的服装公司转型而成的，虽然公司已经进行了相关制度建设，但制度的落实不到位，尤其体现在考勤管理方面，门店存在严重的迟到、早退、溜、走、串、唠的现象。公司总经理安迪认为，考勤管理是部门绩效管理工作的一部分，它通过约束的手段来统一全体员工的工作态度，规范体员工的工作行为，提升全体员工的工作业绩，因此责成人力资源部加强考勤管理。你如果是人力资源经理，如何展开此项工作呢?

任务分析

对普通员工来说，考勤的准确性直接影响员工的奖金和补贴；对于店长来说，考勤管理直接体现了一个店长管理水平；对于公司来说，考勤管理是日常运作的重要环节。考勤管理的重点是有章可循，严格执行。

任务操作

操作步骤和关键节点如下。

步骤 1 出勤情况检查

检查包括部门自检和人力资源部抽检。对于出勤情况的检查有两种方式，现场抽查或是借助电话、定位系统等工具进行抽查。对于考勤异常，按照公司《考勤管理规定》执行。

步骤 2 考勤记录检查

上下班按时填写考勤表或打卡，以实际到岗、离岗时间填写或打卡。填写真实有效、字迹清晰，不允许私自更改考勤表或更改考勤系统中的记录，他人代填、代打、漏填表格按照公司《考勤管理规定》执行。

步骤 3 离岗登记检查

按照实际离岗、到岗时间填写，填写离岗原因，必须有代管人员名字，同时离岗人数不可超过 1 人（接货除外）。任何情况下卖场不可无人，假设发现无人或少人状态，店长、代班负全责。漏填离岗登记，按照公司《考勤管理规定》执行。

步骤 4 班次调整报备

班次调整需提前 3 天申报，列明具体原因。临时请假要及时修改班表，并邮件报备营运部。

步骤 5 考勤汇总

考勤汇总示例如表 3－2 所示。

表 3－2 月度店铺员工考勤统计表示例

月度店铺员工考勤统计表

第一部分	员工信息											
姓名	王一				工号	20200078SH1				月份	2020 年 1 月	
职务	店长				店铺	SH104-SBM				雇佣状态	正式员工	
工作天数	22	天			工作时数	176	小时			普通加班 / 欠	-131.00	小时
实际工作	53.00	小时	（其中：国定假日加班		8.00	小时，工作日工作时间		45.00	小时）			
第二部分	考勤记录（请表明“休息时数”，每日 1 ～ 1.5 小时）											
星期	日期	上班时间	下班时间	休息时间	时间（小时）							说明
					工作	国定假日加班	年休假	带薪病假	事假	病假	其他	
星期一					0.00							
星期二	1-Jan	9.00	18.00	1.00	8.00	8.00						
星期三	2-Jan	9.00	18.00	1.00	8.00		1.00					
星期四	3-Jan	9.00	18.00	1.00	8.00			1.00				
星期五	4-Jan	9.00	18.00	2.00	7.00				1.00			
星期六	5-Jan	10.00	18.00	1.00	7.00				1.00			
星期日	6-Jan	10.00	18.00	1.00	7.00					1.00		
周小计					45.00	8.00	1.00	1.00	2.00	1.00	0.00	
星期	日期	上班时间	下班时间	休息时间	时间（小时）							说明
					工作	国定假日加班	年休假	带薪病假	事假	病假	其他	
星期一	7-Jan				0.00							OFF
星期二	8-Jan	9: 00	18: 00	1: 00	8.00							旷工
星期三	9-Jan				0.00							

注意：（1）所有带薪假期的填写，应按照排班时间填写，并在相应的假期类别处标明具体请假的小时数。

（2）所有需要扣薪假期的填写，应按照实际工作时间填写，并在相应的假期类别处标明具体请假的小时数，如果是“其他”列项的请假或事项，还需在备注处写明请假类别。

（3）请假处用浅蓝色底色填充：排班休假处用黄色底色填充，并于“备注”处标明“OFF”。

（4）加班至 24 点及之后的，下班时间标注 23: 59，上班时间向前推前 1 分钟（例：实际上班时间为 9: 00—24: 00，填写时间为 8: 59—23: 59）。

（5）若上班时间中间段的请假，延长休息时间，并作相应备注。（例：上班时间 9: 00—18: 00，其中事假 15: 00—16: 00，在考勤表中应填写休息时间为 2 小时，备注：休息时间 1 小时为 14: 00—15: 00）。

（6）全天请假以 8 小时计算，如年休假、事假、病假等。

任务思考

考勤检查之前需要进行哪些准备？

任务三　员工形象管理

任务目标

1. 能够理解员工形象管理的意义。
2. 能够执行员工形象管理的标准。

任务描述

W 服饰有限公司总经理安迪通过巡店发现，在各部门的共同努力之下，公司门店的考勤管理、店务管理等方面都有了较大进步。但 W 品牌定位是少女淑女品牌，主要针对 25 ～ 35 岁的都市办公室女性，线条简洁，优雅精致，是设计中渗透人文文化的时尚品牌。W 公司设计和销售适合都市女性的流行时装和饰品，将浪漫、时尚、优雅融入设计。但员工形象缺乏统一管理，导致员工整体形象与品牌不符。考虑到员工是品牌形象的“第一代言人”，W 公司每季度都会统一配发当季的新品服装作为工服。此外，W 公司还要通过员工形象管理制度来树立品牌良好的形象，请你帮助 W 公司起草此项规定。

任务分析

维持个人卫生与形象可以让顾客在进店的第一时间感觉到良好的品牌形象，能在第一时间给顾客创造出良好的印象，让顾客对品牌有更高的喜爱度。

任务操作

个人形象涉及妆容、发型、工服、卫生、行为举止等方面，因此员工形象管理要围绕这五个方面展开，同时还应考虑男女员工的差异性。具体步骤和关键节点如下。

步骤1 妆容要求及标准

1. 女性

面部应始终保持清爽整洁；适当化妆会让自己看起来更加有气色，有活力。妆容标准：

（1）底妆：使用适合自己肤色的粉底液或者 BB 霜，使自己看上去气色更好。

（2）眉笔：根据自己的发色选择适合的眉笔颜色。

（3）眼影：使用大地色系的眼影，会使自己看上去比较干练。

（4）眼线：根据自身化妆技巧来选择使用眼线液或眼线笔。

（5）睫毛膏：选择黑色睫毛膏适当涂抹，切忌将睫毛画出“苍蝇脚”的效果。

（6）腮红：选择适合自己气质的腮红，使自己看起来更有活力。

（7）唇膏：唇膏的持久性较好，颜色尽量选择自然清新的色彩。

2. 男生

应当每天清洁面部，避免胡子过长过密，保证看起来精神帅气、有活力。

步骤2 发型标准及要求

发型很重要，既要时尚又不影响工作。

（1）女性：只可以是黑色或自然色。长发需要束起，短发保证干净清爽。如有刘海，不可遮住眼睛、脸部和铭牌。如果碎发较多，请用黑色发夹夹起。另外，发饰必须使用黑色，不可有任何夸张的装饰物。

（2）男性：只可以是黑色或自然色。发型干净整洁，做到前不过眉、侧不过耳、后不过领，并且不可留鬓角和胡须。

步骤3 工服标准及要求

（1）工服：需根据工服标准穿着规则来穿着工服，要做到勤洗勤换，保持干净整洁，无破损。打理工服的方式需要根据工服保养方式来操作，且店铺内所有员工需要做到统一穿着工服。

（2）工作鞋：应随时保持干净，状态良好。

（3）袜子：男性袜子需要选择黑色隐形船袜。女性选择黑色隐形船袜或丝袜。在夏季，可以选择不穿袜子。

（4）铭牌：根据铭牌打印规定来打印铭牌，修剪整齐后塞入铭牌壳内，佩戴于左胸口。

步骤4 卫生要求及标准

（1）个人卫生：勤洗头洗澡换衣，保证身体无异味。如果喜欢，可适当喷洒清新淡雅的香水。切记：香水味不可太浓，以免引起顾客的反感。工作期间不吃刺激性气味的食物。

（2）指甲：应修剪整齐且干净，长度不可以超过 1mm。女性不可做美甲，可适当涂抹甲油，指甲油的颜色必须符合公司规定。

步骤 5 行为举止

（1）站立姿势：应精神饱满站立。不能驼背、耸肩、抖腿、插兜等；不能叉腰、交抱胸前或放在背后；不能倚靠门框、银台、货架。

（2）不能在办公区域里搭肩、挽手、挽腰。

（3）上班时间不得闲聊、不得哼歌曲、不得吹口哨。

（4）不在办公区域议论顾客及其他同事的是非。

（5）上班时间不能吃食物，不得看与工作无关的书报杂志，不得无故脱岗。

（6）不得在办公区域内大声喧哗、打闹、嬉戏，做不雅动作。

任务思考

员工形象无法量化考核，而且个人理解、审美等都影响着员工形象，如何保证不同地域、不同背景、不同年龄员工的形象都能符合要求呢?

工作领域二

2

日常营业管理

任务一　营业准备

任务目标

1. 掌握营业准备工作标准。
2. 能够完成营业准备工作。

任务描述

表 3－3 是 W 服饰有限公司门店的营业准备流程，请完成营业准备工作的演练。

表 3－3　营业准备流程

序号	流程	细则
1	基本设备开启及检查	开电脑，检查 IPOS 是否日结，将店内音乐开启并调至合适音量
		更新公告板（当日目标、早晚班目标，如有就更新）
		启动所有电子设备（灯光）、检查店内所有设备是否完好
		检查备用金的金额（收银店铺适用）

续表

序号	流程	细则
2	开业前店内卫生清洁	玻璃、镜面清洁无灰尘水印
		地板、层板无灰尘
		收银台须干净整洁，开票台不许放工作以外物品（只可放点数本、计算器、小票、笔）
		垃圾桶内无杂物
		确保试衣间及库房的整洁
3	陈列标准检查	按标准检查灯光、板墙、展桌、挂样、橱窗
		检查模特的细节，进行替换、清洁
4	清点库存数量（点数）	推数必须以实际单据（报表、报损、调入调出）为准，早班需按区域落数，与系统数据核对，账实相符
		用黑色碳素笔填写减数和报损，调出需用红笔
5	其他	早会——由早班人员或店长召开
		检查仪容仪表
		销售目标：店铺、个人、KPI
		昨日问题回顾（顾客投诉、公司、商场），当日商场和公司需配合事项等
		店铺信息：人员、货品、服务、销售、陈列

任务分析

虽然受业态及店铺规模等因素影响，店铺的营业准备工作具体内容略有差异，但其主要的流程如表 3－3 所示，因此营业准备工作应围绕该流程展开。

任务操作

以服装专卖店为例，营业准备工作的操作步骤和关键节点如下。

步骤 1　开门

负责开门的员工要准时开门，并做好门店钥匙的交接。

步骤 2　设备启动

知道店铺的电源开关的位置，用符合安全规定的方法打开电源，并检查电子设备是否正常工作。

步骤 3　例会

早上开门后，准备工作就绪后，进行店铺的晨会工作，将前一天的工作情况和业绩情况告知当班人员。并将今日的业绩分摊给每位当班员工，以及安排今日的工作。每位员工按照时间要求做好自己分内的工作。若人员不齐效果不好，每日例会也可在当日员工到齐后再行召开。

步骤 4　陈列整理

上架陈列及样面的检查和整理，看是否有遗漏未出样的产品，并根据 VM 陈列规则，检查主题墙或组合陈列是否正确。

步骤 5　收银准备

检查昨日账单结算工作是否完成，并清点营业款是否与昨日结账金额一致，核对保险箱交接表，并做好缴款工作。

步骤 6　考勤记录

正确填写考勤表，并做好考勤记录。

任务思考

你认为营业准备应该在多长时间内完成？

任务二 闭店流程

任务目标

1. 了解闭店工作内容。
2. 能够完成闭店工作。

任务描述

有序的闭店管理能够保证店铺各项工作的延续性，减少工作失误，同时确保店铺的财产安全，保证店铺日常运营有序进行。

任务分析

闭店是一天工作的结束，不仅要对当日工作进行总结，更要为次日的营业做好准备，为了保证闭店后门店的安全，还应进行设备检查。此外，还要对当日的各项数据及工作进行总结。

任务操作

闭店工作主要有次日工作准备、安全检查、当日总结三个方面，具体操作步骤和关键节点如下。

步骤 1　次日工作准备

（1）卫生整理：卖场、试衣间、库房。

（2）货品管理：货品清洁、出样尺码。

（3）陈列及货架：清洁、调整。

（4）仓库整理：货品归位、移位、卫生。

步骤 2　安全检查

（1）清点现金营业款，做好结账工作，并将营业款锁入保险箱。收银机钥匙和保险箱钥匙必须锁入收银台抽屉内，若无需要请不要随意开启，并填写银款差异表，发送至营运部指定电子信箱。

（2）店铺的安全检查，包括电源是否关闭、门窗是否锁好等。

步骤 3　当日总结

（1）晚上结账时，需要填写《日结报告》，并按公司要求将相关报表发送至营运部指定电子信箱。

（2）每天营业结束后，需要将一天的营业业绩和员工表现通过表格的形式进行填写，然后将其中的部分表格发给部门负责的同事进行汇总统计。再由其发送给各相关部门的领导和同事，方便公司相关人员第一时间了解到每家门店的每日销售业绩表现。每日必做表格有以下几个：

表 3－4 ×× 门店日销售报告（× 月）★

表 3－5 ×× 门店调拨快递记录表（× 月）★

表 3－6 ×× 门店进出货登记表★

备注：标注“★”的表格需要每天做好后发给“营运部相关负责统计数据的同事”。

任务思考

如果是超市业态，闭店工作会有哪些变化呢？

表 3-4 ××门店日销售报告（×月）

日期	星期	目标	实际销售额	达成率	差异	累计差异	上装	下装	外套	鞋子	包包	配饰	数量	笔数	单笔销售金额	搭配率	会员数
	MON																
	TUE																
	WED																
	THU																
	FRI																
	SAT																
	SUN																
周汇总																	
	MON																
	TUE																
	WED																
	THU																
	FRI																
	SAT																
	SUN																
周汇总																	
	MON																
	TUE																
	WED																
	THU																
	FRI																
	SAT																
	SUN																
周汇总																	
月汇总																	

表 3－5　××门店调拨快递记录表（×月）

序号	日期	款号	快递单号	系统调拨单号	小票号	请求门店	顾客信息以及联系方式（地址、电话）	是否确认	负责人

表 3-6 ××门店进出货登记表

序号	日期	调入门店	调出门店	小票号	快递单号	系统调拨单号	款式、颜色、尺寸	顾客信息以及联系方式（地址、电话）	是否确认	负责人

注：进货—黑笔，出货—红笔。

任务三 店务管理

任务目标

1. 了解店务管理内容。
2. 理解店务管理标准。

任务描述

本工作领域前面两个任务，分别演示了门店的营业准备和闭店流程，作为店长，需要如何跟进每日的店务工作呢？店长作为现场管理人员，一方面是公司各项制度、标准、要求的执行者，另一方面是实际工作结果的第一监督者，因此可以说，店长是一个店铺的灵魂人物。图 3－1 是店长日常管理三阶段。请帮助店长进一步梳理店务管理工作和相关工作标准。

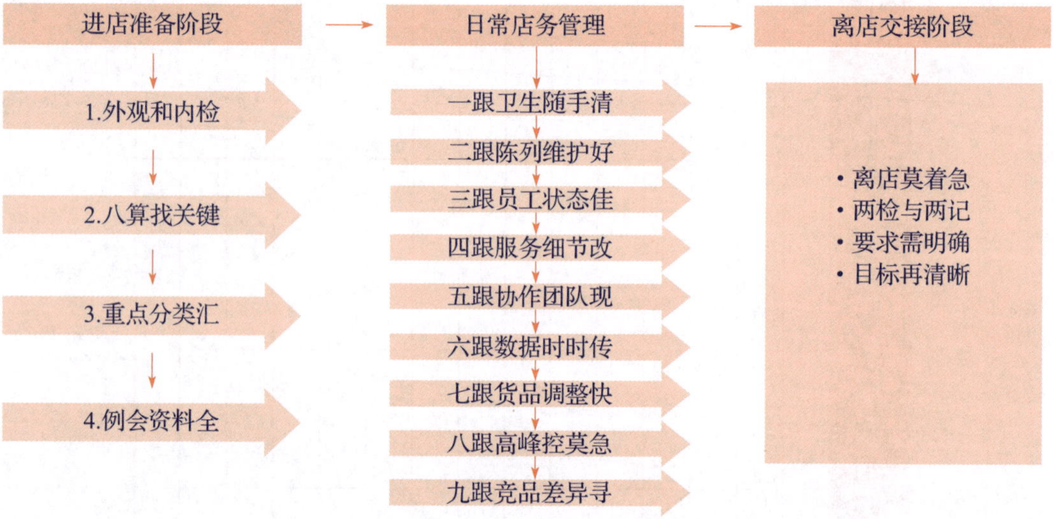

图 3－1 店长日常管理三阶段

任务分析

店长既是门店的直接管理者，也是门店营业目标的实现者，还是现场的指挥者，要同时关注人、货、场，可以说工作千头万绪，因此梳理出每个时段的工作重点，才能保证店长工作的有序性，避免疏漏。

任务操作

图 3－1 是按照时间顺序提炼出的工作步骤，我们可以将店长工作时间顺序划分为营业准备、店务检核、高峰时段、休整时段、晚高峰时段、闭店六个工作步骤，具体内容如下。

步骤 1 营业准备

开店前半小时做好准备，完成以下事宜：

（1）检查出勤和休假的情况，以及人员的精神状况。

（2）营业店面的检查：检查存货的复核、新货的盘点、物品的陈列、店面的清洁、灯光、价格、设备、零钱等状况。

（3）昨日营业额的分析：具体的数目是降是升，并找出原因，寻找提高营业额的方法。

（4）宣布当日营业目标。

注意：专业指标分析是作业精准的基础，因此在作出当日工作计划前，应结合前日的经营计算店铺销售目标、个人销售目标、个人单日目标、连带销售目标、库存结构、货品周转等指标，以便有针对性地安排当日工作。

步骤 2 店务检核阶段

开店后到中午前，为迎接即将到来的销售高峰做准备：

（1）确认销售目标和主推商品。

（2）营业问题的追踪（设备修理、灯光、产品排列等）。

（3）对营业门店近期产品品类进行销售量 / 额的比较。

（4）根据以往经营规律，预估当日营业高峰时段。

步骤 3 午高峰时段

午高峰时段要全力冲销售，跟进以下事项：

（1）跟进出货、销售、收银，各环节的配合和效率。

（2）关注员工产品知识、服务质量、销售技巧。

（3）鼓舞士气。

（4）解决顾客投诉。

步骤 4 休整时段

轮班午餐的休整时段一般为 14: 00—16: 00。

（1）对员工进行培训和交谈、鼓舞士气。

（2）对发现的问题进行处理和上报。

（3）确认业绩目标的完成情况。

（4）卖场维护检查。

（5）安排接货、发货事宜。

（6）竞品调查，了解竞争对手的生意表现，以便及时调整。

步骤 5　晚高峰时段

晚高峰时段一般为 16: 00—20: 00。

（1）跟进出货、销售、收银，各环节的配合和效率。

（2）跟进员工个人目标完成情况并给予鼓励。

（3）根据库存变化，调整主推产品，尽力完成当日目标。

（4）跟进货品出样及时性。

（5）解决顾客投诉。

步骤 6　闭店工作

（1）确认晚班闭店人员工作安排。

（2）制作日报表。

（3）了解明日促销活动或分析销售数据，确定主推产品。

（4）根据店铺销售情况，填报补货单。

（5）两检与两记：两检指门店安全检查和货品安全检查，即店内水、电、门、窗锁检查，货品交接记录、库房盘点记录的检查确认。自收银店铺还要进行备用金账、实相符情况确认。两记指待办事项记录和离岗记录，以便次日进店人员做好衔接工作。

注意：店长需要对全天的店务管理工作负责，但店长的班时不可能由开店至闭店。因此需要通过合理的安排、有效的授权，协同全店员工共同完成相关工作。

任务思考

结合此任务思考一下，采取哪些措施可以保障店长不在店时各项工作的有序和质量。

工作领域三

3

顾客投诉管理

任务一 顾客投诉处理流程

任务目标

1. 掌握顾客投诉处理流程。
2. 掌握顾客投诉处理的运作要点。

任务描述

图 3－2 是 W 服饰有限公司的顾客投诉处理流程图，请结合你对顾客投诉处理的认知，补充该流程图中的“运作要点”。

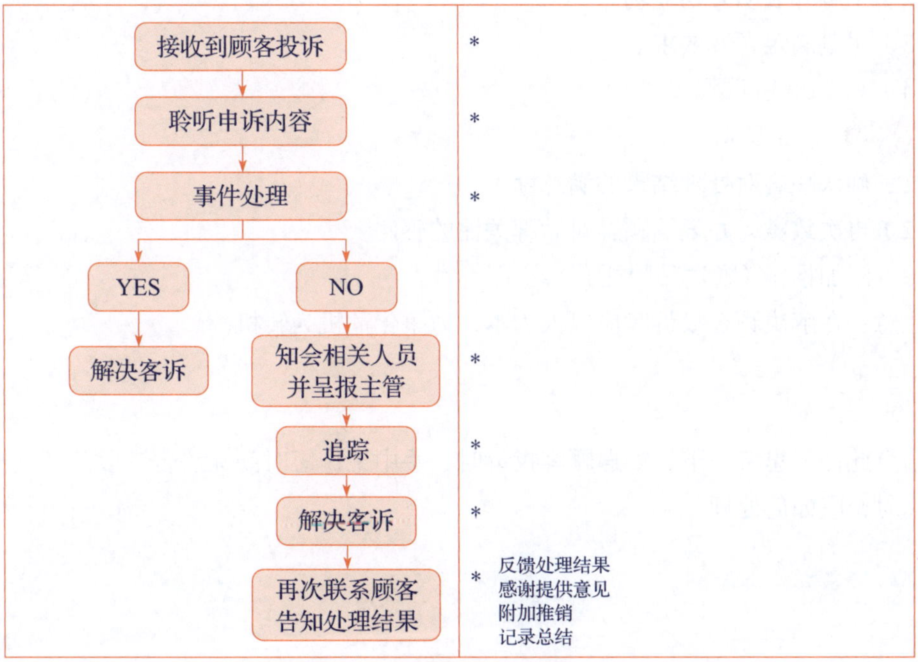

图 3－2 顾客投诉处理流程图

任务分析

解决顾客投诉，首先要明白投诉时顾客在想些什么？顾客期望获得的是受到认真对待、有人聆听、立即见到行动，或是获得补偿。因此在解决顾客投诉过程中，应树立“顾客永远是对的”的思想，牢记自己是代表公司和品牌形象的，克制自己，避免感情用事，避免言词过于激动，最终要达到令顾客满意的目的。

任务操作

不管是任何问题造成的顾客投诉，都表示顾客有不满意，现场人员要控制自己的情绪，诚心向顾客解释说明，同时及时和主管沟通处理办法。一味地开脱己方责任和埋怨顾客最终只会把事情变得更糟。具体的解决流程和运作要点如下。

步骤 1　接到投诉

（1）第一时间应答。

（2）转移至不影响卖场运营的位置与顾客沟通。

（3）道歉先行，平复情绪。

（4）认真聆听、了解具体情况及信息。

步骤 2　完成度判断

（1）能处理：自己权限范围内或专业领域内。

（2）不能处理，联系相关负责人及上级主管。

步骤 3　处理顾客投诉

（1）分析顾客投诉原因并确定投诉者要求。

（2）了解并表明公司立场。

（3）尽量满足顾客要求。

（4）马上解决问题。

步骤 4　追踪结果

（1）确认顾客对处理结果的满意度。

（2）再次致歉，并表达顾客对品牌关注的感谢。

（3）附加推销（赠送品牌礼券）。

注意：在解决顾客投诉时应以人为本，力争化危机为转机。

任务思考

结合此任务思考一下，如遇顾客投诉时，手中工作短时间无法告一段落，且他人无法替代时，应如何处理？

任务二 顾客投诉处理

任务目标

1. 分析顾客投诉原因。
2. 解决顾客投诉。

任务描述

商场刚刚开门，你正在打扫卫生。一名顾客气呼呼地来到品牌柜台，手里拿着一件衣服。顾客：“我上个月在你们柜台买了条蕾丝裙子，这刚穿没几次，就开线了，两千多元的衣服，质量怎么这样次啊？！你给我马上退了，否则我就要找你们商场、公司投诉，我还要去消协告你们！”你接过衣服后，发现这是一款蕾丝拼接真丝的连衣裙，面料昂贵、保养要求高，弹性较小且剪裁修身，一般建议买大一码。而且为避免受力点拔丝，采取了特殊工艺，这种工艺使得受力点受力过大时会单点跳线以保护面料，这种工艺只会形成 1cm 左右的跳线，且内里有防护层避免了跳线走光的风险。此外，这款裙子还配送了同色系的松紧带，当顾客喜欢修身感觉但又受跳线困扰时，可以采取加装松紧带来解决。这种情况不属于质量问题，一般进行免费维修处理。但顾客的情绪较为激动，你该如何处理呢?

任务分析

顾客对商家的产品质量、服务态度等各方面产生疑问，进行投诉，是维护自身合法权益的一种方式。现在这种情况发生频率越来越高，这是一种进步的表现。同时，这也会促使商家竞争更为激烈，从而更注重提高产品质量和服务水平。

任务操作

顾客投诉解决的具体步骤如下。

步骤 1 接到投诉

在接到投诉时，你会如何处理（　　）

A. 让顾客等一下，先打扫卫生

B. 让顾客等店长来处理

C. 请同事协助打扫卫生，第一时间接待顾客

D. 在卖场中与顾客展开唇枪舌剑

E. 将顾客引至休息区进一步交流

F. 认真倾听顾客的反馈

G. 打断顾客的叙述，告诉她瘦一点或买大一码就不会出现这种情况了

H. 对于因为这条裙子给顾客带来麻烦表示歉意

步骤 2 完成度判断

通过判断可以直接处理。

步骤 3 处理顾客投诉

通过交流，你发现顾客很喜欢这条裙子，只是发现开线很生气。而且因不属于质量问题，按规定无法退、换货。可以免费为其修复或是免费为其加装松紧带来解决此问题。

请拟定与顾客交流的话术：____

____

____

____

____

____

____。

步骤 4 追踪结果

通过你的沟通，顾客最终接受免费加装松紧带的处理方案。

请拟定：再次致歉；确认顾客对处理结果的满意度，并表达对顾客关注品牌的感谢，附加推销的话术。

____

____

____

____

____。

任务思考

请结合此任务思考，如何处理顾客对价格、服务的投诉呢？

工作领域四 4 营销管理

任务一 目标制定

任务目标

1. 掌握年度销售目标的制定流程。
2. 能够合理分解销售目标。

任务描述

由表 3 - 7 可以看出，W 服饰有限公司在某省共分省会、东区、南区、北区、西区 5 个市场区域，2019 年有 275、287、290、298、300 号五家门店撤柜。该公司计划于 2020 年 5 月在省会和东区分别开设一家 B 类店铺（即月均销售 40 万以上的店铺），10 月份分别在省会、南区、北区开设一家 B 类店铺。根据各方预测，2020 年的增长将是 10%。请根据上述信息，帮助负责该省的销售总监制定规划目标。

但是 2020 年初，一场突如其来的新冠肺炎疫情打乱了原有计划，上半年开店计划延迟到 9 月。由于疫情门店封闭，而且代工厂也因疫情减产取消部分产品订单，以上因素导致第一季度规划目标仅达成 70%。预计第二季度门店运营和货品可逐步恢复正常。经公司经营会议决定，第一季度受不可抗力影响，公司统一调整执行目标比照规划目标 80% 设定，未达成部分平移至后三个季度，各分公司按照《品牌业绩目标管理流程》（附件 1）进行申请。

任务分析

销售目标制定的根本意义在于，通过对市场竞争状况的分析研究，挖掘所有可能的机会点，并通过目标分解，把机会和潜在的机会转化为现实销量和效益。

表 3-7 2019 年 × 女装品牌________省销售数据

地区	门店代码	1月	2月	3月	4月	5月	6月	7月	8月	9月	10月	11月	12月	总计
省会	**274**	1 038 032	898 924	796 702	634 559	446 429	454 915	603 343	749 535	710 269	828 505	873 361	987 847	**9 022 421**
	275	0	0	27 212	29 122	22 962	14 220	9 480	0	0	0	0	0	**102 996**
	276	152 760	134 400	199 045	198 030	202 702	147 230	176 280	207 210	198 542	205 448	166 170	165 450	**2 153 267**
	277	153 813	279 541	492 440	591 008	906 669	1 593 818	1 151 588	586 221	413 515	405 037	972 601	449 596	**7 995 847**
	278	413 039	452 331	551 466	482 572	469 815	412 395	426 642	449 590	450 718	537 855	553 108	591 939	**5 791 470**
	279	188 900	135 355	147 564	58 590	128 990	176 675	174 430	174 100	189 583	248 534	267 790	142 460	**2 032 971**
	280	0	0	341 048	635 130	604 250	227 028	0	85 081	99 187	91 173	243 010	294 742	**2 620 649**
东区	**281**	1 115 560	812 881	948 709	896 303	826 051	755 319	771 087	981 370	1 001 464	961 981	949 370	942 162	**10 962 257**
	282	222 690	200 170	230 511	189 984	227 562	206 170	210 929	310 542	265 190	283 872	303 080	227 290	**2 877 990**
	283	130 392	111 160	147 170	139 560	145 058	161 395	148 360	203 540	223 772	245 020	202 230	214 225	**2 071 882**
	284	165 750	122 010	128 370	122 280	106 600	139 020	109 100	163 790	126 580	191 790	142 860	158 819	**1 676 969**
	285	1 599 471	1 456 998	1 900 954	1 576 256	1 808 750	1 694 091	1 824 142	1 647 731	1 235 137	1 620 948	1 573 136	1 314 390	**19 252 004**
	286	342 373	464 170	427 129	383 921	420 715	381 550	366 600	402 934	471 856	584 360	442 598	465 500	**5 153 706**
南区	**287**	95 383	0	269 914	315 567	435 043	333 550	0	0	0	0	0	0	**1 449 457**
	288	1 305 165	1 613 323	1 445 904	1 389 954	1 781 301	1 371 304	1 516 665	1 811 796	1 394 004	1 448 621	1 294 905	650	**16 373 592**
	289	128 590	144 580	185 372	205 997	200 820	183 790	157 660	187 490	162 894	208 550	235 650	235 748	**2 237 141**
	290	0	0	174 163	82 017	374 631	0	0	0	0	0	0	0	**630 811**
	291	0	0	0	0	0	0	0	153 467	126 180	178 610	177 810	133 892	**769 959**
	292	352 451	332 027	424 761	432 561	404 695	318 830	374 950	497 524	408 490	482 830	437 579	426 080	**4 892 778**
	293	143 104	498 261	1 089 719	1 036 117	1 016 621	1 250 170	433 561	656 157	1 014 946	1 016 895	1 194 996	907 060	**10 257 607**

续表

地区	门店代码	1月	2月	3月	4月	5月	6月	7月	8月	9月	10月	11月	12月	总计
北区	**294**	1 018 616	986 750	961 074	880 391	977 418	744 489	779 495	1 004 903	1 052 704	1 142 874	928 998	976 528	**11 454 240**
	295	490 491	426 655	482 230	482 155	472 415	413 220	516 280	565 498	519 630	599 985	604 615	657 299	**6 230 473**
	296	993 163	1 579 997	1 531 663	1 537 778	1 683 145	1 263 807	1 460 171	1 650 102	1 552 330	1 270 700	1 320 515	1 253 939	**17 097 310**
西区	**297**	0	0	266 127	175 730	0	98 849	0	0	99 708	98 556	97 774	0	**836 744**
	298	187 421	191 233	0	0	0	0	0	0	0	0	0	0	**378 654**
	299	571 735	485 110	594 390	574 546	588 722	481 388	500 510	557 922	559 617	679 001	575 900	509 020	**6 677 861**
	300	593 733	267 779	137 667	140 196	214	0	0	0	0	0	0	0	**1 139 589**
总计		**11 402 632**	**11 593 655**	**13 901 304**	**13 190 324**	**14 251 578**	**12 823 223**	**11 711 273**	**13 046 503**	**12 276 316**	**13 331 145**	**13 558 056**	**11 054 636**	**152 140 645**

任务操作

制定规划目标及执行目标调整的操作步骤和关键节点如下。

步骤 1 制定规划目标

制定规划目标应符合 SMART 原则：

（1）目标应符合明确性原则（Specific），目标不能模棱两可。

（2）目标应符合可衡量性（Measurable），促销目标应该有明确的数据，且这组数据要作为定期追踪和衡量的依据。

（3）目标应符合可达成性（Attainable），目标必须通过努力可实现，不能虚高也不能太低。

通过表 3－7 可计算得出，2019 年可比店铺销售额＝______________________。

因预计 2020 增长 10%，计算可知 2020 年可比店铺销售额＝________________。

预计 2020 年新开店铺带来的销售额＝__________________________________。

由上述计算可知 2020 年预计销售规划目标＝____________________________。

（4）目标应符合相关性（Relevant），各门店目标必须支持且强化销售总目标，是企业营销总目标的细化。根据 2019 年各区域、门店的销售占比，将规划目标分解到各家门店，并填入表 3－8 中。

（5）目标应符合时限性（Time-bound），目标是有时间限制的，有的目标甚至可以分解到好几个时间点。将各家门店的规划目标，参照 2019 年各月的销售占比，分解到 2020 各月，并填入表中。

步骤 2 执行目标调整

根据《品牌业绩目标管理流程》中的规定：

申请第二季度执行目标调整，应在（　　）月进行。

申请第三季度执行目标调整，应在（　　）月进行。

申请第三季度执行目标调整，应在（　　）月进行。

任务思考

结合任务思考：店铺的年 / 月 / 周的业绩指标达成率、员工的业绩完成率、产品各个品类的销售数量、门店会员办理的数量、单笔成交价等，是否可以成为门店的目标设定的指标。

附件 1

品牌 W 服饰有限公司业绩目标管理流程

为科学合理地设置目标控制环节，完善目标管理的运作机制，提升评估方法的有效性，从而最大程度地降低目标的不确定性，引导及促进业绩增长，降低经营风险，特制订此流程。

一、职能部门概述

1. 目标设定及调整部门（以下简称“提报人”）：区部零售部、区部加盟业务部、区部品牌规划管理部。

提报人须深入研究所辖业务，提出合理的目标设定方案：并在设定条件变动后，及时修正各相关指标。

2. 目标负责人：区部品牌经理、区部品牌规划管理部负责人、区部总经理、大区负责人、总部品牌负责人、零售运营总部负责人。

目标负责人对业绩目标业务层面的真实性、合理性负责，把握整体业务规模，使业绩目标兼具准确性及挑战性，从而推动所辖区域（品牌）各项工作有序开展及业绩的稳健成长。

3. 目标管理部门：总部营运规划管理部、区域总部营运规划管理部、区部营运规划管理部。

总部营运规划管理部负责主导各类目标制定及调整的时点，并汇整各区域总部提交的业绩目标，检核各区域目标设置的准确性和合理性。

区域总部营运规划管理部负责目标管理体系的完善和培训推广，对目标结构方面和发展方向进行管控，审核目标的合理性，对目标进行汇总管理，同时出具分析报告，执行向区域总部各部门间的目标发布工作。

区部营运规划管理部须协调、组织本区部各相关部门进行目标设定及调整工作，负责相关资料在区部的传递，确保目标按区域总部相关要求合理制定及调整，保证目标管理流程顺畅执行；在目标生效后进行发布、备案、整理、出具管理数据和分析报告等工作。

二、业绩目标审批签核

各区域总部所有目标提报审批均以品牌为主线推进，即：

区部品牌规划管理部负责人——区部营运规划管理部——区部总经理——大区总经理——总部品牌规划管理部——零售运营总部——CEO。

注：年度规划目标最终审核人为CEO，预设规划目标最终审核人为零售运营总部。

目标在各级之间传递应以上一级负责人签字生效版为准，各级负责人对目标负有审核责任。

根据核决权限，目标审批流示意图如图3-3如示。

特别说明：

1. 区域总部未明确专职加盟业务总负责人的，由区域总部品牌负责人主导零售及加盟目标的全面制定与调整，并提报区域总部总经理签批。

2. 区域总部设有专职加盟业务总负责人的，则区域总部品牌负责人主导零售业务业绩目标制定与调整，加盟业务负责人主导加盟业绩目标制定与调整，由区域总部品牌负责人汇总零售及加盟的数据后一并提报大区总部经理签批。

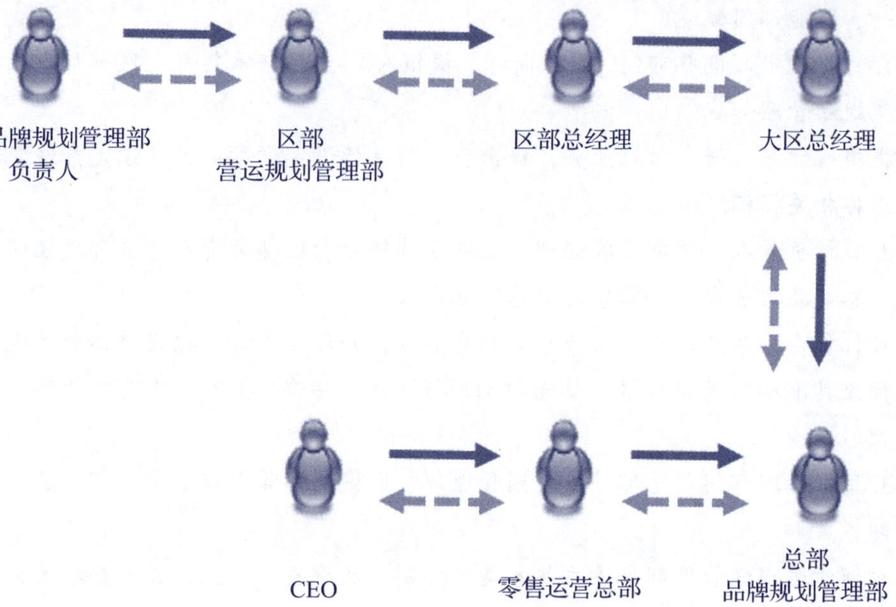

图 3－3　目标审批流

三、业绩目标类型及定义

1. 业绩目标依据对实际业务的不同指导作用分为规划目标、执行目标、月调目标。

1.1　规划目标

1.1.1　每年 12 月份，由总部营运规划管理部主导启动下一年度规划目标制作工作，由零售运营总部品牌业务发展部综合品牌公司业务政策，评估通路开发质量，自上而下的制定目标策略及各项利润指标，并由总部营运规划管理部进行下发。

1.1.2　由区域总部营运规划管理部、零售运营总部对当前各品牌的具体经营情况做出全面分析、预测，根据零售运营总部制定相关业务政策，对下一年度整体生意规模和增长幅度做出规划，制定品牌发展策略。

与各区部对生意重点、发展潜力、市场份额等进行沟通，双方应对下一年度生意发展预估达成共识。

1.1.3　每年 1 月，区部依据前期沟通结果正式制定并提交《年度规划目标》，按《目标审批流》签批。年度规划目标一经确认，则成为财务年度预算的重要依据。

1.1.4　集团内独资公司之间发生区部调整、品牌调整等重大业务变化时，相关区部的品牌业务发展部负责人根据实际情况填写《签呈》，列明调整原因、区部、品牌、时间、店铺业绩：经区部及区域相关职能部门负责人签批后，提交至零售事业部营运规划部复核，由零售事业部总经理签批后执行。

1.2　执行目标

在经营过程中，根据实际业务发展趋势及变化情况对业绩目标进行调整，形成执行目标。

根据目标作用不同，分为季度确认目标和预设规划目标。

1.2.1 季度确认目标

目标调整月份：每年3月、6月、9月、12月（12月是对下一年度业绩目标的第一次季度调整）。

目标调整范围：未发生季度所涉及的业绩目标。例如，第二次季度调整时间为6月份，则调整范围为当年Q3和Q4季度的业绩目标，Q1和Q2季度业绩目标不再允许重新调整，如表3－8所示。

表3－8 调整示例

季度调整时间		3月	6月	9月	12月
调整范围	未发生的销售季节	当年 Q2、Q3、Q4	当年 Q3、Q4	当年 Q4	次年 Q1-Q4

目标调整依据：

1）发生新增区部、新增品牌大规模并购等重大业务变化时。

2）季度调整时最新确认的开店计划、商品结构、库存结构与年度规划目标有差异时。

3）区部品牌规划管理部根据上述的目标调整依据，汇集商品部、零售部、加盟负责人的建议，主导季度目标的调整，按《目标审批流》签批。

目标调整原则：

1）当季及已发生月份的目标总量不可以重新进行调整。

2）因期货已买入，在通路、加盟客户、品牌公司供货等情况未有显著变化时，根据总量进出平衡的原则，业绩目标不允许较大幅度下调，只可在零售及加盟、正价通路及折扣通路之间调整目标组合；如上述条件发生变化，导致原预估业绩同实际确有较大差距的，为了使期货得到及时调剂从而控制损失，则必须据实调整。

3）新开通路提前开业、已开通路的变更及关闭，导致下一销售季业绩目标变动的，均应在季度确认目标中调整到位。

4）各区部营运规划管理部对通路、加盟客户开发进度，负有督促责任，以当前生效之季度确认目标所列通路计划为基准，在季调前针对下一销售季的新开通路，跟进零售店柜立项评估表和合同等其他资料；对进度异常事项及时提报区部负责人以确保区部执行目标真实有效。

目标完成时间：

最迟于调整月的30号，区域总部营运规划管理部需将区域签批后的季度确认目标和历次目标变动跟踪表提交总部营运规划管理部，由其汇总检核确认汇报零售运营总经理及CEO知悉。

1.2.1.1 季度确认目标一经确认，对应销售额的各月目标总量就不再做变更。

1.2.1.2 各区零售部每月仅可在店柜之间调整目标分配额，当月业绩分配总量应等于或高于季度确认目标中对应月份的目标总量，调整明细应提报区部人力资源部备案作为店柜管理的依据。同时，零售部与人力资源部应针对此项协商出台店柜业绩奖金补充方案。

1.2.1.3　季度确认目标确认后，如需进行期货采购的，将以当前生效版目标作为期货采购总量规划的主要依据。

1.2.1.4　如因品牌公司要求，造成采购季发生通路增减变化，而直接导致该季采购总量需发生变动的，品牌经理应在订单提交前 5 天对当前执行的季度确认目标提出修正申请，并提报区部营运规划部区域总部营运规划部、区域总部业务发展部相关人员签批后备案，区部营运规划部将在下一个季度确认目标中进行目标调整。

1.2.1.5　期货调剂

季度目标确认后，区域总部营运规划部依据季度确认目标和已确认订单数据，编制期货调剂评估表提交至区域总部商品部和区域总部业务发展部，针对“进销比”异常的品牌及区部，由区域总部商品部主导，制定出期货调剂方案，并启动区域间期货调剂机制，品牌经理跟进方案的执行，如果季度确认目标引起“商品指标”出现异常的，则总部营运规划部需重新评估季度确认目标。

1.2.2　预设规划目标

当季度确认目标未覆盖到次年之 Q1、Q2 期货采购季时，为及时、合理指导期货采购顺利进行，需制定预设规划目标。

1.2.2.1　预设规划目标应根据各品牌期货会时间安排提前开展，区域总部品牌经理按《目标审批流》签批后，于期货会前 20 天提交给区域总部营运规划管理部进行该季采购总量的规划。

1.2.2.2　预设规划目标一经生效，将作为下一年度规划目标的重要参考数据，且下一年度规划目标不得低于对应区间的预设规划目标总量。

1.2.2.3　生效后的预设规划目标需提供至零售事业部营运规划管理部备档。

1.3　月调目标

1.3.1　调整时间：每月 20 日左右进行。

1.3.2　调整原则：计划外关店目标需分配至现有店铺或临时特卖通路中；待开未开出目标由品牌规划管理部负责寻找其他通路替代；原则上，月调目标不得低于执行目标。

1.3.3　月调目标考核：主要考核店长、零售督导。

2. 业绩目标的发布

2.1　年度规划目标：每年 1 月。

2.2　季度确认目标：每年 1、4、7、10 月发布。

2.3　预设规划目标：于每年度 Q1、Q2 期货会前 20 日正式发布。

3. 年度规划业绩目标的导入：区部营运规划部在收到确认版目标后，负责将目标导入目标管理平台。

4. 业绩目标考核：根据集团所发布的 KPI 制度进行目标考核。

表 3－9　2020 年 W 女装品牌________省销售规划目标

地区	门店代码	01 月	02 月	03 月	04 月	05 月	06 月	07 月	08 月	09 月	10 月	11 月	12 月	总计
省会														
东区														
南区														
北区														
西区														
总计														

任务二　目标分解

任务目标

1. 能够分解每日目标。
2. 能够分解个人目标。

任务描述

W 服饰有限公司的 A 店铺 12 月份指标为 140 万元销售额，12 月份相对节日和活动较多，根据历年经验，周末较平时会有 85% 左右的增长，18 日开始季末促销后每日的销售也会较平时会有 85% 左右的增长，12 月 24 日、12 月 25 日、12 月 31 日的销售预计是平时的 2.5 倍。目前，该门店有 18 名员工，包括 1 个店长、1 个库管、1 个短期促销人员、5 个高级导购、8 个中级导购、2 个试用期导购。其中，店长和库管是不做业绩的，短期促销人员负责理货，不参与销售，试用期导购的销售目标为正式员工的 90%。接下来就请作为店长的你完成目标分解的任务吧。

任务分析

目标管理的核心是强调组织群体共同参与制定具体、可行且能够客观衡量效果的目标。目标管理的重点是强调将组织的目标层层具体化、明确化并转化为各个部门的目标和每个员工的目标。这是目标转化的自上而下的过程。目标管理同时也可以是自下而上的目标设定过程。经过这样明确、可行的目标设定，当每个员工完成自己的目标时，店铺及公司的目标也就完成了。

任务操作

操作步骤和关键节点如下。

步骤 1　按天分解

在分解目标时，需要进行合理分配。指标可依据当月预估进行分配，一旦碰到特殊时期（如节假日、商场特殊活动期、公司活动期等），门店的客流相对增加，业绩也会相应增长。故特殊时期的指标也会根据预估情况做相应的调整。请将12月的目标分解后填入表3-10中。

表 3-10　________月________店销售目标跟踪表

日期	星期	目标	实际	达成	日期	星期	目标	实际	达成
12月1日	一				12月17日	三			
12月2日	二				12月18日	四			
12月3日	三				12月19日	五			
12月4日	四				12月20日	六			
12月5日	五				12月21日	日			
12月6日	六				小计				
12月7日	日				12月22日	一			
小计					12月23日	二			
12月8日	一				12月24日	三			
12月9日	二				12月25日	四			
12月10日	三				12月26日	五			
12月11日	四				12月27日	六			
12月12日	五				12月28日	日			
12月13日	六				小计				
12月14日	日				12月29日	一			
小计					12月30日	二			
12月15日	一				12月31日	三			
12月16日	二				小计				
合计									

步骤 2　按个人分解

店长拿到店铺月度指标后，还可将指标分摊到每个人身上。这样可以根据每个员工的销售能力来分摊业绩，可以充分利用每个员工的优势来给门店带来最大的效益。分解好的数据填入表3-11中。

任务思考

此任务中有1名导购人员请假三日，目标是否需要进一步分解？为什么？

表 3－11 ______月______店个人目标跟踪表

日期 姓名		1	2	3	4	5	6	7	8	9	10	11	12	13	14	15	16	17	18	19	20	21	22	23	24	25	26	27	28	29	30	31
	目标																															
	实际																															
	目标																															
	实际																															
	目标																															
	实际																															
	目标																															
	实际																															
	目标																															
	实际																															
	目标																															
	实际																															
	目标																															
	实际																															

任务三　促销实施与评估

任务目标

1. 制定促销前、中、后期的评估方案。

2. 总结促销前、中、后期的管理事项。

任务描述

W 品牌专卖店拟在“十一黄金周”开展新品上市的主推活动，计划是采取满额赠礼的方式，分设 400 元、800 元、1 200 元三个赠礼级别，购满 400 元赠送便携式购物袋；购满 800 元赠送唇膏一只；购满 1 200 元赠送该品牌丝巾一条。为了确保促销效果，该品牌事前进行了促销方案的评估。

经对促销方案的评估之后得到反馈信息如下：

经过对客人的调查，发现赠品吸引力不大。赠品价值只有达到买赠级别 25% 左右，才能更吸引客人的注意。且赠品也需要与目标客群和品牌定位匹配。

经过测算，该品牌秋冬商品货单价为 800 ～ 2 800 元，营运部期望通过满额赠礼提升搭配率，现有赠礼级别过低。

最终，满额赠礼方案调整为，分设 800 元、1 200 元、2 000 元三个赠礼级别，购满 600 元赠送电影票 2 张；购满 1 200 元赠送该品牌价值 388 元丝巾一条；购满 2 000 元赠送该品牌价值 688 元羊绒围巾一条。

促销活动前的客流量：9 月 30 日为 101 人，10 月 1 日为 194 人，10 月 2 日为 128 人。面对促销，第二天客流量和销售额都明显回落的现状，专卖店应该怎么办呢?

该店今年的“十一黄金周”销售额为 203 万元，目标达成 70%。促销前一周的销售额为 150 万，之后一周的销售额为 120 万元。去年的“十一黄金周”销售额为 188 万元。同一商圈内的主要竞争对手以同样的促销方案，达成的销售额为 285.18 万元，同比增长 21.5%。该店较前一周的环比增长为 50%，促销结束后一周较促销期间环比增长 -35%。请评估此次促销活动的效果。

请根据上述信息帮助该品牌：

（1）制定促销前、中、后期的评估方案。

（2）总结促销前、中、后期的管理事项。

任务分析

说到效果评估，人们更多想到的是对促销结果的总结评估，但结果已不可改变。其实，效果评估最大的意义在于促销实施过程的跟进，这样才能有效地保证结果，而对促销实施结果的评估则是为了指导下一次的促销活动，以获得越来越好的业绩呈现。因此，关于促销实施与评估应从事前、事中和事后三个环节展开。

任务操作

促销效果评估操作步骤和关键节点如下。

步骤 1 促销前

1. 事前评估

事前评估就是促销计划正式实施前所进行的调查测定或在多个计划中确定出最佳方案，用以评估该计划的可行性和有效性。主要方法有：

（1）征求意见法：邀请部分消费者、渠道中间商对备选的几套方案发表意见，选出一个可以得到普遍接受和相对理想的方案。

（2）试验法：选择一定地区、在一定时间内对备选方案进行短期试验性实施。有时可以通过变换规模、水平、渠道、时机等了解消费者的不同反应，从而确定实施效果最佳的方案。

2. 促销准备

促销准备参见表 3-12。

表 3-12 促销前准备检核表

项目	检核事项	是否达标	检核人
促销前	促销宣传品发放，并准备妥当。宣传品包括但不限于海报、POP、宣传图册		
	促销人员精准掌握促销活动内容		
	促销商品（赠品）到店情况		
	系统变价及价签调整		

步骤 2 促销中

1. 事中评估

事中评估就是在促销活动进行过程中对效果进行评估，主要方法是消费者调查和终端走访，主要有三个方面：

（1）了解促销活动进行期间消费者动态，可以通过现场记录分析消费者参与的数量、单次购买量、重复购买率、购买量增幅等。

（2）参与活动的消费者结构，包括：新、老消费者比例；新、老消费者的重复购买率；新消费者数量的增幅等。

（3）消费者意见，包括消费者参与活动的动机、态度、建议、要求、评价等。

2. 现场管理（见表 3-13）

表 3-13 促销现场检核表

项目	检核事项	是否达标	检核人
	促销商品补货及时、数量充足		
	促销商品质量合格		
	系统变价、价签调整		
	商品陈列维护及时、合格		
	促销宣传到位		

续表

项目	检核事项	是否达标	检核人
	卖场卫生、器架维护		
	促销人员明确主推商品		
	促销人员关注目标达成		
	促销人员精准掌握促销活动内容		

步骤3 促销后

1. 事后评估

事后评估就是在促销活动告一段落或全部结束后对其产生的效果进行评估。常用的方法有比较法和调查法。

（1）比较法：即比较促销活动开展前后销售额的变化情况。在假定其他条件不变的前提下，可对销售额增幅与促销投资进行比较，以判断和评价其实际效果。

1）同比分析。

进行促销活动效果同比分析时，一般选取今年的促销活动期间和上一年同一个促销活动期间进行同期比较。再计算同比增长和同比增长率。

2）环比分析。

进行促销活动效果环比分析时，一般选择促销前、促销中和促销后三个相同的时期的数据进行比较。再计算环比增长和环比增长率。

（2）评估结论。结合计算结果，通过横向比较——与竞争对手对比；纵向比较——与历史数据对比；与目标对比等几个维度的分析，给出针对此次促销的评估结论。

2. 事后管理（见表3-14）

表3-14 促销收尾工作检核表

项目	检核事项	是否达标	检核人
促销后	过期宣传品及时撤销		
	重新调整陈列		
	系统变价及价签调整		
	员工状态、形象达标		

任务思考

结合此任务思考促销实施与评估涉及哪些部门。

任务四　门店运营考核

任务目标

1. 理解掌握门店运营考核指标。
2. 能进行门店运营考核。

任务描述

W 品牌专卖店今年的“十一黄金周”销售额为 203 万元，目标达成 70%。同一商圈内的主要竞争对手以同样的促销方案达成的销售额为 285.18 万元。表 3－15 为该店与竞争对手店铺在促销期间的运营数据对比表，请据此对店铺经营状况进行分析，并给出改进建议。

表 3－15　促销期间营运数据对比表

项目	W 品牌		竞品	
	比率	数据	比率	数据
客流		14 500 人		14 500 人
进店	70%	10 150 人	74.92%	10 864 人
成交	20%	2 030 人	25%	2 716 人
客单价		1 000 元		1 050 元
销售		2 030 000 元		2 851 800 元

任务分析

根据任务信息可知，该店目前主要的问题在于促销期间销售不理想。将销售形成的过程概括为一个公式：销售 = 客流量 × 进店率 × 成交率 × 客单价，由此寻找影响销售结果的原因，并提出改进方案。

任务操作

从销售结果来看，该店与竞争对手的差异很大，根据表 3－14 中的数据可以发现，在客流量相同的情况下，W 品牌门店在进店率、成交率、客单价等方面均处于弱势，图 3－4 更为清晰地展示了客流量、进店人数、成交人数的差异。由“销售＝客流量 × 进店率 × 成交率 × 客单价”不难看出，销售有差异成了必然结果。因此，要对各影响因素进行分析，逐一找到提升方案，操作步骤和关键节点如下。

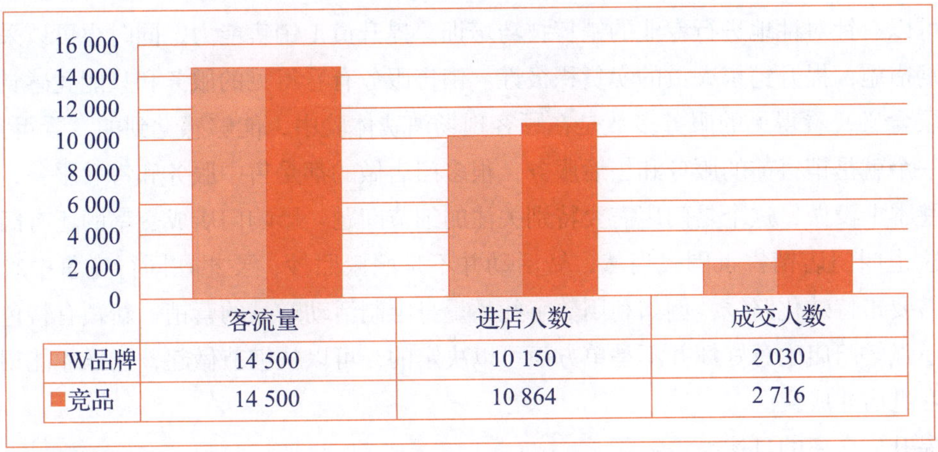

图 3－4　W 品牌与竞品数据对比图

步骤 1　客流量分析

虽然所处同一商圈，该店和竞争店铺的客流量一样，那是不是就可以不关注此项指标了呢？答案是否定的，客流量是销售产生的基础，没有客流量一切都是空谈。提高客流量可以从三方面入手：提高门店商圈范围；提升门店商圈内稳定顾客数量占比；提高顾客来店购物的频率。作为一家成熟门店，该店可以采取的措施是提升 VIP 顾客数量、提升顾客的购物频率。

具体的办法：____

____

____

____。

步骤 2　进店率分析

衡量店铺经营好坏的指标有很多，购买次数、客单价无疑是个很重要的指标，然而提到进店率，很多人觉得顾客是否进店是靠运气的，不在自己的掌控之中。这就大错特错了，顾客都喜欢走进装修别致、温馨、卫生、布局合理、陈列有新意的店铺，顾客的购买次数和单价则受到店铺环境、货品设计、店铺促销方法、商品的质量、服务优劣的影响。所以顾客是否入店，并不是偶然的，而是门店可以掌握的必然。

提升进店率的具体办法：____。

步骤 3　成交率分析

影响门店成交率的因素主要有产品优势、销售技巧、销售服务、门店促销活动。因此，门店产品布局方面也要学会突出产品优势，而且销售技巧在销售过程中会突出产品优势，例如服装门店的导购人员经常会通过专业的 FAB 介绍，将产品优势传递给顾客。门店可以有针对性地进行专业的销售技巧培训，提升员工销售能力，同时也可以采取一些鼓励措施，提升销售人员的卖货积极性。销售服务有看得见的服务和只能凭感觉的服务两层含义，看得见的服务多数是在顾客现场消费体验中，能够感觉到的、看得到的。另外一个就是销售前的服务和售后服务，很多门店做的都是售中服务和售后服务，售前服务基本上没做，这个是门店需要特别关注的细节问题。影响门店成交率的还有门店促销，这也叫门店销售氛围。当然，做活动并不是照搬照抄，要想在同行竞争中脱颖而出，需要走特殊化路线，例如利用数字礼品量身定制活动赠品的营销，新颖有特色，实用性还强。门店生意好坏并不是单方面可以决定的，可以从细节做起，这样才能招揽更多顾客进店并成交。

提升成交率的具体办法：____。

步骤 4　客单价分析

客单价取决于搭配率与货单价的高低。在陈列方面，提高客单价的核心方式就是关联陈列，即根据商品与商品之间的关联因素和顾客的消费习惯来进行合理的陈列。除关联陈列外，门店还要做组合装商品，提高客单价，当然，这要考虑不同的购买力与不同的节气变化所带来的需求变化。

提升客单价的具体办法：____。

任务思考

销售除了可以分解为客流量、进店率、成交率、客单价等影响因素外，还有哪些角度？

参考文献

[1] 李春杰. 连锁门店营运实务［M］. 北京：教育科学出版社，2014.

[2] 陆影. 连锁门店营运与管理实务［M］. 大连：东北财经大学出版社，2018.

[3] 蒋小龙. 连锁企业门店营运与管理［M］. 北京：化学工业出版社，2016.

[4] 黄宪仁. 连锁店操作手册：全新第5版［M］. 北京：电子工业出版社，2017.

[5] 黄宪仁. 店长操作手册：全新第6版［M］. 北京：电子工业出版社，2016.

[6] 李引霞，丁玉红，王彦保. 管理型店长［M］. 广州：广东高等教育出版社，2016.

[7] 门洪亮，王书暐. 经营型店长［M］. 广州：广东高等教育出版社，2017.

参考文献

[1] [illegible] 2017.

[2] [illegible] 2016 [illegible]

[3] [illegible] 2012.